결혼한다는 것

❈ 가족상담 전문가가 알려주는 연애와 결혼의 기술 ❈

결혼한다는 것

| 박미령 지음 |

부키
에너지

결혼을 꿈꾸는
그대에게

사람들은 연애나 결혼을 너무 낭만적으로 생각하는 경향이 있다. 우리의 마음 안에는 흔히 보는 드라마나 영화에서처럼 때가 되면 운명적인 만남이 이루어지고 서로 티격태격 사랑하다가 결혼하여 행복한 생활이 시작될 거라는 막연한 기대가 자리 잡고 있다. 하지만 연애와 결혼에 대해 아무런 준비나 노력, 심사숙고 없이 이런 장밋빛 환상만 품고 있다가는 그야말로 '결혼은 인생의 무덤'이 된다. 환상은 연기처럼 사라지고 가혹한 현실만 남는 것이다. 각자의 생활이 따로 있는 독립적인 존재로서 하는 '연애'와 달리 결혼은 성장 과정과 욕구가 다를 수밖에 없는 한 남자와 한 여자가 망망대해를 한 배를 타고, 함께 노 저어 가야 하는 '생활'이기 때문이다.

불행한 가족은 잘못된 결혼으로부터 출발한다. 첫 단추가 잘못 끼워지면 옷을 제대로 입을 수 없는 것처럼 결혼 자체가 잘못 이루어지면 가족이 행복할 수 없다. 그렇다고 내가 '천생연분'을 신봉하지는 않는다. 감히 말하건대 완벽한 짝은 없다. 서로에게 잘 맞추며 살아가려는 의지와 노력이 중요할 뿐이다.

부부가 한 팀을 이루듯 서로 버팀목이 되어 살아가려면 무엇보다 먼저 결혼이라는 공동생활을 할 준비가 되어 있어야 한다. 상대에 대한 배려 없이 자기만을 고집하는 미성숙한 두 사람이 함께 산다고 생각해보라. 얼마나 시끄럽겠는가. 갈등과 싸움이 그치지 않을 것이다. 결혼하려는 남자와 여자는 기본적으로 다른 사람과 공동생활을 영위할 수 있을 정도의 기본적 인격은 갖추어야 한다.

타인과 함께 살아갈 수 있을 정도의 인격적 성숙을 갖춘 뒤에는 자기에게 잘 맞는 배우자를 선택하는 것이 중요하다. 결혼은 "그리하여 두 사람은 행복하게 살았습니다"로 끝나는 동화가 아니라 새로운 환경에서 새롭게 전개되는 현실이다. 그러므로 내가 선택한 사람이 나와 여러 가지 측면에서 잘 맞는 인생 파트너가 될 수 있는가에 대해 결혼 전에 충분히 시간을 가지고 신중하게 점검해보아야 한다.

결혼은 종합예술이어서 배우자만 잘 선택한다고 잘 살 수 있는 것은 아니다. 자기에게 잘 맞는 동반자의 선택이 성공적인 결혼 생활의 첫 걸음인 것은 분명하지만 그것만으로는 부족하다. 가족을 이끌어나가기 위해서는 가족 관계 전반에 대한 이해와 다양한 가족관계 기술이 필요하다.

나는 오래전부터 가정법률상담소에서 이혼 위기에 있는 부부들을 상담해왔다. 상담을 하면서 느낀 것은 결혼 생활을 잘 유지해나가기 위해서 가장 중요한 것은 서로 사랑하는 마음이지만 그 사랑이 제대로 전달되려면 반드시 결혼 생활의 기술이 필요하다는 사실이다. 서로 사랑하면서도 오해하게 만들고 급기야는 서로 미워하게 되는 이유는 사랑을 전달하는 법을 잘 모르기 때문이다.

결혼 생활에 필요한 핵심 기술은 세 가지이다. 사랑하는 기술, 대화하는 기술, 싸우는 기술이 바로 그것이다. 다소 부적합한 배우자를 만났거나 결혼 생활이 이루어지는 주변 상황들이 열악할지라도 결혼의 이 세 가지 핵심 기술을 잘 습득하고 있으면 결혼 생활을 무난하게 영위해나갈 수 있다.

나는 감정이 흐르는 대로 사랑하고, 입에서 나오는 대로 대화하고, 성질나는 대로 싸우는 태도가 결혼 생활에 미치는 악영향을 상담 현장에서 너무 많이 보았다. 미숙한 부부들에게 도움을 주고 싶었다. 그래서 이 책을 집필하였다.

또한 나는 대학에서 '결혼과 가족'이라는 교양과목을 20여 년 동안 가르치면서 부모의 그늘에서 독립하여 자신만의 제2의 인생을 살아가야 할 20~30대 젊은이들을 위한 결혼 생활 안내서가 필요함을 절실히 느꼈다. 의외로 많은 사람들이 '결혼'이라는 가보지 않은 길에 어떻게 접근해야 하는지 어려워하고 두려움을 느끼고 있었다. 학문적인 용어를 최대한 피하면서 결혼에 대해 보다 현실적으로 접근할 수 있도록 가족학 전공자로서의 전공 지식과 상담자로서의 현장 경험을 살려 이 책을 썼다.

이 책의 제1장 '결혼을 위한 준비 단계, 연애'에서는 남녀의 만남, 즉 연애에 대해 다루었다. 제2장 '사랑하는 사람, 결혼하는 사람'에서는 결혼에 이르는 남녀의 만남과 자신에게 맞는 배우자를 선택하는 지혜를 정리해보았다. 제3장 '결혼 생활의 핵심 기술 I : 사랑하기'에서는 부부간 원활한 사랑의 소통과 성장을 위해 남녀 간 사랑 표현 방식의 차이에 대해 알아보았다. 또한 사랑의 빛과 그림자를 모두 받아들이고 입체적으로 사랑하는 방법인 최소한의 벌주기와 사과, 용서 그리고 솔직한 '나-전달법'을 설명하였다.

사이가 안 좋은 부부를 만나 보면 제일 먼저 하는 이야기가 대화가 안 된다는 것이다. 대화가 안 되니 관계가 나빠지고 관계가 나빠지니 대화가 안 되는 악순환을 거듭하다가 급기야 부부는 서로 말이 안 통하는 사이가 되어버린다. 이처럼 부부간 대화가 단절되면 가족의 행복은 멀리 달아나버린다. 제4장 '결혼 생활의 핵심 기술Ⅱ : 대화하기'에서는 말하기와 듣기를 포함한 대화의 기술을 살펴보았다. 제5장은 '결혼 생활의 핵심 기술Ⅲ : 싸우기'이다. 싸우는 데도 기술이 필요하다. 서로 사랑하는 두 사람이 싸우는 데에는 나름의 이유가 있다. 한 사람이 옳고 다른 사람은 틀린 것이 아니라 서로의 욕구와 기대가 다를 뿐이다. 분노를 조절하고, 상대방의 입장을 이해해야 한다. 결과가 있는 싸움을 위해서 갈등을 조정하고 문제해결 능력을 키우며 전략적으로 싸우는 과정을 알아보았다.

지금까지 만남에서 결혼, 배우자 선택, 사랑, 그리고 결혼 생활에 필요한 세 가지 핵심 기술인 사랑하기, 대화하기, 싸우기에 대해 살펴보았다. 마지막으로 제6장 '결혼에도 공부가 필요하다'에서는 결혼 생활을 이끌어가는 데 필요한 원칙과도 같은 기본 개념들을 소개한다. 아무리 좋은 정보와 기술을 가지고 있다고 하더라도 결혼 생활에 대한 기본 개념이 체계적으로 정립되어 있지 않으면 건강한 결혼 생활을 할 수 없다.

결혼 생활에는 두 사람만 관련되어 있는 것이 아니므로 과거의 영향에서부터 현재 두 사람을 둘러싸고 있는 전반적인 가족 및 사회체계까지 매우 복합적인 상황 및 요인의 영향을 받는다. 서로를 이해하고 조화로운 삶으로 이끄는 원칙들을 열 가지로 정리했다.

이 책은 결혼에 대한 다양한 이론과 기술을 접목해서 곧바로 결혼 생활의 현실에서 적용할 수 있도록 구성하였다. 이 책이 결혼을 앞두고 있는 젊은이들뿐만 아니라 결혼을 하여 갖가지 생활의 파도를 헤쳐나가고 있는 부부들에게도 많은 도움이 되기를 기대한다.

2013년 8월

향기나는 가족치료연구소에서

박미령

차례

❄ 제1장_ 결혼을 위한 준비 단계, 연애 ❄

1

∨

결혼을 위한 준비 단계,
연애

결혼은 만남으로부터 시작된다.
그러나 만남에는 잘못된 만남도 있고
잘못된 만남이 결혼으로 이어지면
위험한 결혼을 하게 된다.
좋은 만남을 건강한 교제로 이어가며
충분한 시간을 가지고
신중한 결정을 내리는 것은
결혼의 출발선에서
꼭 지켜야 할 원칙이다.

1

결혼은
환상이 아니다

연애와 결혼에도 공부가 필요하다.

낭만적 소설이나 영화를 너무 많이 보아서인지, 많은 사람들이 결혼은 거스를 수 없는 운명처럼 다가오는 드라마틱한 사건이라고 생각하는 것 같다. 그래서 결혼을 자신이 의지적으로 선택하는 여정의 시작이라기보다는 사랑이라는 감정의 파도에 밀려 도착하는 멋진 해변 같은 곳이라고 상상한다.

결혼 생활 또한 백사장에 펼쳐진 비치파라솔 아래에서 바다를 바라보며 와인을 마시는 일쯤으로 착각하기도 한다. 얼마나 순진한 생각인가. 아니 순진하다 못해 어리석기까지 한 생각이다. 해변에 앉아 푸른 바다를 바라보는 일과 짜디짠 바닷물 속에 들어가 헤엄을 치는 일은 천지 차이다. 전자가 바다를 그저 구경만 하는 관광객이라면 후자는 바다를 온몸으로 부딪치며 경험하는 여행자라고 할 수 있다.

결혼은 결코 우아한 것이 아니고, 삶 그 자체이다. 다시 말하면 결혼은 생활이지 놀이가 아니다. 사랑도 연애도 결혼도 현실이다. 미남 미녀가 연애하고 결혼하는 드라마에서 너무나 화려한 장면들만 나와서인지 연애나 결혼을 아주 근사한 어떤 사건으로 생각하는 경향이 있다. 하지만 결혼은 사실 그다지 멋스러운 일이 아니다. 도리어 때로는 스타일을 구겨가면서 서로의 진실에 근접해가야 하는 치열한 작업이다.

요즘은 독신으로 살든지 결혼을 하든지 자신의 라이프 스타일을 선택하는 시대이다. 주위를 둘러보면 다양한 관계, 다양한 삶의 방식이 있다. 결혼도 운명적으로 하는 것이 아니라 선택적으로 하는 것이다. 그렇기 때문에 내가 결혼하기로 마음 먹는 순간 천생배필이 어디선가 기다리고 있다가 혜성처럼 나타나는 것이 아니고, 나의 의지와 학습과 노력을 기울이며 결혼을 하기 위한 길고 지루한 과정을 거쳐야 한다. 그리고 이 세상 모든 일이 그러하듯이 그 과정은 결코 멋지고 아름답기만 한 것이 아니다.

영화 속에서 최고의 미남 미녀 배우가 연기하는 운명적인 사랑에 푹 빠져들다 보면 사람들은 자신들도 그러한 아름다운 러브스토리의 주인공이 될 수 있을 것 같은 상상을 하기도 한다. 그러다가 결코 낭만적이지 못한 결혼의 과정을 알게 되면 실망하고 좌절하기도 한다.

정말 좋은 품성을 지닌 사람이 막상 이성을 만나 연애하고 결혼하는 과정에서는 자신의 매력을 제대로 발휘하지 못하는 경우가 있는데 참 안타까운 일이다. 반면 그다지 훌륭한 인격을 갖추지 못한 사람들이 유독 이성 간의 만남과 교제에서는 뛰어난 매력을 발휘하여 연애박사가 되기도 한다. 이 역시 연애나 결혼에는 현실 인식에 기초한 기술적 측면이 있다는 사실을 극명하게 보여주는 것이다.

물론 기술적 측면이 본질을 넘어설 수는 없겠지만 본질이 아무리 좋더라도 그 본질을 빛나게 할 수 있는 최소한의 노력이 있어야 한다는 말이다. 원석이 아무리 좋아도 그것을 잘 가공해내야만 보석이 제 아름다움을 발휘할 수 있는 것과 마찬가지이다.

남녀의 만남이나 연애, 결혼에는 그 관계가 가지는 특수한 측면이 있다. 그러므로 연애나 결혼에 대해서도 공부를 해야 한다. 동성의 친구를 사귈 때에도 노력과 기술이 필요하지 않은가. 그런데 유독 연애나 결혼에 있어서만 운명적인 큐피트의 화살을 기대하는 것은 정말 어리석은 일이다.

결혼은 환상이 아니다. 드라마도 아니다. 현실에서 만나고 사랑하고, 결혼하는 것이기 때문에 치열한 노력과 과정 점검이 필요하다. 만나서 사귀고 사랑하고 결혼하는 모든 과정에서 치열한 자기 점검과 상대방에 대한 이성적 판단을 해야 한다. 물론 서로 좋아하는 감정은 기본이다. 그러나 감정만으로 밀려오는 거대한 쓰나미에 휩쓸리듯이 붕 떠서 결혼하는 것이 아니고, 자신이 지금 가고 있는 방향이 맞는지 속도는 적절한지를 지속적으로 점검하며 가야 하는 항해의 시작이다.

먼 훗날, 이곳이 내가 오려던 곳이 아니라고 주장하며 불행해 하지 말고, 만남의 시작부터 결혼까지, 그리고 이후에 이어질 결혼 생활 내내, 자신이 지금 어디로 가고 있는지, 그리고 현재의 내 위치는 어디인지, 속도는 적절한지를 철저히 점검하며 살아야 한다.

행복한 결혼 생활을 원한다면 우선 이성에게 관심을 가지고 시간과 노력을 들여 만나보아야 한다. 때로는 거절당할지라도 적극적으로 데이트를 신청해보고, 데이트 과정에서도 진지한 태도로 상대방을 파악해야 한다.

그리고 사랑을 느끼게 되면 그 사랑이 얼마나 진솔한 것인지, 그야말로 지속 가능한 사랑인지, 그래서 결혼으로 이어져 자녀를 낳고 기르며 서로의 인생을 함께 할 수 있겠는지에 대해 냉정하게 숙고하고 점검해야 한다. 결혼이라는 중대사로 일단 맺어진 인연은 한 개인의 제2의 운명이라고 부를 수 있을 만큼 무척 중요하다. 아무리 세상이 변했다고 해도 결혼은 평생 지속되리라는 전제 하에 이루어지기 때문이다. 또한 화목하고 건강한 가정은 한 사람의 인생을 떠받쳐주는 기둥과도 같기 때문이다.

행복한 결혼 생활을 원한다면 우선 이성에게 관심을 가지고 시간과 노력을 들여 만나보아야 한다. 때로는 거절당할지라도 적극적으로 데이트를 신청해보고, 데이트 과정에서도 진지한 태도로 상대방을 파악해야 한다. 그리고 사랑을 느끼게 되면 그 사랑이 얼마나 진솔한 것인지, 그야말로 지속 가능한 사랑인지, 그래서 결혼으로 이어져 자녀를 낳고 기르며 서로의 인생을 함께 할 수 있겠는지에 대해 냉정하게 숙고하고 점검해야 한다.

2

결혼은
과학이다

결혼의 행복과 불행에는 예측 가능한 요인이 있다.

결혼을 도박이나 투기로 여기는 사람들도 있다. 그러나 결혼은 모험이 아니다. 가족 상담을 하면서 나는 의사의 심정이 된다. 질병은 유전적으로 결정되어 막을 수 없을 때도 있지만 많은 경우 생활습관에서 온다. 담배를 피우면 암에 걸릴 위험이 높다는 것을 알면서도 담배를 끊지 못하는 사람을 보는 의사의 마음이 이럴까. 결혼은 어차피 모험이고, 해도 후회하고 안 해도 후회하니 대충 하겠다는 사람을 보면 나는 정말 답답하다. 결혼은 의외로 과학적이기 때문이다.

결혼의 행복과 불행에는 예측 가능한 요인이 있다. 나의 상담 경험상, 결혼 전 교제 기간은 결혼의 행·불행에 영향을 미치는 매우 중요한 요인이다. 상대방을 제대로 파악하지 못한 채 급히 하는 결혼은 예상치 못한 어려움을 가져올 수 있다. 부부 사이에 문제가 생겨 이혼을 고려하는 내담자 중에는 결혼 전 교제 기간이 짧았던 경우가 많았다. 결혼은 모험도 아니고 위험한 일도 아니다. 서로의 성격과 상황을 잘 살펴보면 충분히 예측할 수 있는 아주 상식적인 일이 결혼 생활이다. 위험한 것은 결혼을 도박이나 투기로 바라보는 바로 그 시각이다. 충분히 서로를 알 수 있는 시간도 가지지 않은 채 어차피 인생은 모험이라고 하면서 결혼 생활로 돌진하는 행동이 위험하지 결혼 자체가 위험한 게 아니다.

결혼 전 교제 기간이 짧으면 마치 연습 없이 무대에 오르는 것처럼 실제 결혼 생활에서 많은 어려움에 부닥치게 된다. 더욱이 결혼을 지나치게 서두르다가는 충분히 살펴보면 결혼 자체의 성사가 어려운 일들을 간과해버리는 어리석음을 범하기도 한다. 대체로 성격이나 경제 사정, 학력, 숨기고 싶은 가족사 등 상대방이 알 경우 불리한 약점이 있을 때 결혼을 서두르고 인류지대사人倫之大事에서 꼭 밟아야 할 절차까지 예사로 건너뛴다. 예전에는 결혼 적령기라는 사회적 압력 때문에 결혼을 급하게 하는 경우도 많았다. 지금은 결혼 적령기 개념도 희박해지고 개인의 자유의사가 존중되는 시대인데 무조건 결혼을 서두르는 사람이 있다면 한 번쯤 다시 봐야 하지 않을까.

하다못해 가전제품을 살 때도 성능, 가격, 디자인 등 여러 가지를 꼼꼼히 살피는데 수십 년을 함께 살면서 자녀도 낳아 기를 내 인생의 파트너를 선택하는 데 "느낌이 좋다"든가 "그냥 괜찮은 것 같다"든가 하는 비과학적 계기로 충분한 검토 없이 결혼해버리는 이들이 없었으면 좋겠다. 그런 마음을 먹은 사람에게 나는 이 한 마디를 꼭 해주고 싶다. "결혼은 과학입니다"라고.

비단 교제 기간이 짧은 결혼만 위험한 것은 아니다. 위험한 결혼 중에는 주변 상황을 전혀 의식하지 않는 극도의 개인주의적 선택에 의한 결혼이 있다. "둘만 좋으면 그만"이라는 연애지상주의자들 말이다. 그런 사람들은 스스로를 마치 손오공이라 착각하는 것 같다. 그들은 한 줄기 빛이 비추자 바위에서 태어난 손오공처럼 이 세상과 맺은 관계가 하나도 없는 양 부모도 없고, 친척도 없고, 친구도 없는 두 사람만의 결혼을 하게 된다. 그렇게 결혼하여 무인도에서 서로만을 바라보며 깨소금 냄새 피워가며 알콩달콩 살 수 있다면 얼마나 좋겠는가. 그러나 현실은 무인도가 아니고 그들은 바위에서 태어난 손오공이 아니다.

주변의 상황을 무시하고 사랑만을 부여잡고 결혼할 수는 있겠지만 실제 결혼 생활 적응에는 많은 애로점을 가지게 된다. 연애할 때는 전혀 괘념치 않았던 주변인들이 결혼 생활 과정에서 마치 다시 찾은 이산가족처럼 갑자기 들이닥치는 것이다. 그러면 아무런 손님 맞이 준비도 안 했는데 예고도 없이 친척이나 친구가 방문했을 때처럼 당황해서 허둥거리게 된다.

이런 결혼은 당사자들에게는 아주 개인적이고 낭만적인 이슈일 수 있지만 그들이 속한 원가족의 측면에서 봤을 때는 새로운 구성원을 받아들여 가족의 시스템이 재구성되는 매우 중요한 변화 과정이다. 우리는 자칫 부모님은 태어날 때부터 이미 부모였다고 생각하는데 나의 부모 역시 어린 아기로 출발해서 어른이 되어 결혼을 하여 부모가 되고, 시부모나 장인 장모가 되는 것이다. 누구나 처음에는 신혼부부로 시작하여 자녀를 낳고, 키우고 독립시키는 것이니까 이러한 과정은 자연스러운 과정이고, 어쩌면 행복한 순환이다.

우리의 사랑과 결혼 역시 이러한 행복한 순환의 고리 안에서 작동되는 중요한 통과의례通過儀禮이다. 아기였다가, 어린이가 되고, 청년이 되고 성년이 되며, 결혼하여 부모가 되고 다시 조부모가 되는 가족의 행복한 순환 속에서 각각 자신의 역할을 하는 것이다. 사람들은 자신들의 결혼과 사랑이 마치 이 세상에 처음 있는 극적인 사건인 것처럼 생각하기도 한다. 그러나 솔로몬이 말했듯이 하늘 아래 새로운 것은 없다.

크게 보면 결혼은 인류의 종족보존이라는 거대한 틀 안에서 이루어지는 것이며, 작게 보면 가족주기의 순환 속에서 부부 각각의 삶이 이어지는 것이다. 따라서 손오공 신드롬에 빠져서 주변 상황을 무시하는 결혼은 위험할 수밖에 없다. 물론 부부 개인의 행복이 무엇보다 중요하겠지만 부부 각각이 처한 원가족 체계와 함께 성장하고 발전해나가는 것이 더욱 큰 행복을 보장한다. 이에 더하여 원가족 체계뿐 아니라 주변 사회체계와도 잘 어울려나가는 것이 결혼의 행복에도 중요하다는 것을 강조하고 싶다.

하다못해 가전제품을 살 때도 성능, 가격, 디자인 등 여러 가지를 꼼꼼히 살피는데 수십 년을 함께 살면서 자녀도 낳아 기를 내 인생의 파트너를 선택하는 데 "느낌이 좋다"든가 "그냥 괜찮은 것 같다"든가 하는 비과학적 계기로 충분한 검토 없이 결혼해버리는 이들이 없었으면 좋겠다. 그런 마음을 먹은 사람에게 나는 이 한 마디를 꼭 해주고 싶다. "결혼은 과학입니다"라고.

3

잘못된
만남

잘못된 만남이란 함께 성장하지 못하는 만남이다.

    부부 상담을 시작할 때 나는 항상 그들이 어떻게 만났는지를 묻는다. 그러면 어떤 부부들은 의아해 한다. 부부가 상담을 하게 된 호소 문제와 자신들이 어떻게 만났는지가 무슨 상관이냐고 되묻기도 한다. 그러나 부부가 만나게 된 계기는 결혼 생활 양상에 많은 영향을 미친다.

    부부가 처음 어떻게 만났느냐 하는 것은 단순한 문제가 아니다. 부부가 만나는 계기는 바로 그 자체가 그들 부부가 그때까지 살아온 삶의 과정을 그대로 보여주기 때문이다. 예를 들어 보자. 어떤 부부가 도서관에서 만나서 연애를 하고 결혼을 했다고 치자. 그들은 아마 공부를 열심히 하는 모범생으로서의 삶을 살아왔을 것이다. 물론 예외도 있으리라. 좋은 신랑감이나 신붓감을 찾으려고 일부러 도서관에 갈 수도 있으니까. 그러나 대체로 도서관에서 만났다면 공부를 하다가 만났다고 볼 수 있다.

교회나 성당 혹은 절에서 만나 연애를 했다면 그들은 아마 종교 생활을 열심히 하는 삶을 살아왔을 것이라고 유추해볼 수 있다. 또한 술집에서 만난 부부라면 술을 좋아하는 사람들일 것이고, 춤추다가 만났다면 춤추기를 좋아하는 사람들의 결합이 될 것이다. 피시방에서 인터넷 게임을 하다 보면 아마 인터넷 게임을 좋아하는 사람들이 서로 만나게 될 것이다.

술집에서 만나서 술 좋아하는 사람들이 만나 부부가 되면 술 때문에 결혼 생활에 어려움을 겪을 가능성이 높다. 갈등 상황에서 부부가 함께 술잔을 기울이다 보면 문제는 해결하지 못하면서 알코올 의존이나 알코올중독 등 술 때문에 생기는 추가적인 문제를 떠안게 될 수도 있다. 피시방에서 게임하는 것을 즐기다 보면 게임중독 문제를 가진 배우자를 만날 가능성도 염두에 두어야 하지 않을까.

결국 좋은 사람을 배우자로 만나려면 좋은 사람들이 모이는 곳으로 가야 하고, 좋은 사람들이 모이는 곳으로 가려면 먼저 내 자신이 좋은 사람이 되어야 한다. 어떤 이는 만남이면 만남이지 잘못된 만남이 어디 있느냐고 물을 것이다. 물론 모든 만남은 소중하다. 불가에서는 옷깃만 스쳐도 소중한 인연이라고 하지 않던가.

그러나 인연 중에는 서로에게 고통이 되는 인연도 있다. 만남도 마찬가지이다. 만나지 않았으면 좋았을 사람들이 만나는 일도 종종 있다. 법정스님의 다음과 같은 글도 인연의 중요함을 말씀하신 것이리라.

"함부로 인연을 맺지 마라. 진정한 인연과 스쳐가는 인연은 구분해서 인연을 맺어야 한다. 진정한 인연이라면 최선을 다해서 좋은 인연을 맺도록 노력하고 스쳐가는 인연이라면 무심코 지나쳐버려야 한다. (중략) 우리는 인연을 맺음으로써 도움을 받기도 하지만 그에 못지않게 피해도 당하는데 대부분의 피해는 진실 없는 사람에게 진실을 쏟아 부은 대가로 받는 벌이다."

잘못된 만남이란 어떤 것일까. 내가 생각하기에 잘못된 만남이란 함께 성장하지 못하는 만남이다. 친구이던 부부이던 좋은 만남이란 그 사람을 만남으로써 상호 성장하고 발전하게 되는 만남이다. 그러나 경우에 따라 성장하기는커녕 한쪽의 이익을 위해 일방적 희생만 요구당하거나 양쪽이 다 자기 이익만 챙기다가 두 사람 모두 인격적으로 훼손되는 만남도 있다.

결혼과 가족에 대해 가르치던 강의실에서 나는 결혼 적령기에 있

는 대학생들에게 "물이 좋은 곳으로 가야 한다"고 우스갯소리를 하
곤 했다. 옛 성현도 "까마귀 노는 곳에 백로야 가지마라"라고 했으니
사람을 만나는 장소를 가리는 것은 동서고금에 변함이 없다. 좋은
배우자를 만나 행복한 결혼을 하려면 먼저 내 발이 닿는 곳이 어디
인가를 똑똑히 인식해야 한다. 왜냐하면 내 발이 닿는 바로 그곳에
나의 잠재적 배우자가 있기 때문이다.

결국 좋은 사람을 배우자로 만나려면 좋은 사람들이 모이는 곳으로 가야 하고, 좋은 사람
들이 모이는 곳으로 가려면 먼저 내 자신이 좋은 사람이 되어야 한다. 어떤 이는 만남이면
만남이지 잘못된 만남이 어디 있느냐고 물을 것이다. 물론 모든 만남은 소중하다. 불가에
서는 옷깃만 스쳐도 소중한 인연이라고 하지 않던가. 그러나 인연 중에는 서로에게 고통
이 되는 인연도 있다. 만남도 마찬가지이다. 만나지 않았으면 좋았을 사람들이 만나는 일
도 종종 있다.

4

삶의 현장에서
만나기

꽃

결혼관은 하루아침에 정립되지 않는다.

대학에서 '결혼과 가족'이라는 교양과목을 강의할 때 나는 수강 학생들에게 결혼과 관련된 발표 과제를 내주곤 하였다. 결혼과 가족에서 배우자 선택은 매우 중요한 부분이기 때문에 그 당시 성행하고 있던 결혼 정보 회사에 대해 조사해서 발표하고 토의해보라고 했었다.

열성적인 학생 중에는 결혼 정보 회사를 찾아가 커플 매니저라는 신종 직업인(사실은 예전의 중매쟁이를 영어로 표현한 것이지만)을 만나 직접 면담까지 하고 온 학생도 있었다. 그리고 결혼 정보 회사의 '내부

심사 기준표'도 얻어 와서 발표를 했다. 내부심사 기준표를 보면 결혼 정보 회사를 찾아오는 남녀를 직업, 학벌, 집안 배경, 재산, 외모 등으로 영역을 나누어 점수를 매기는데 각 영역별로 아주 세세히 점수가 구분되어 있었다. 예를 들어 직업을 평가할 때 '판검사는 몇 점이고 중소기업에 재직하고 있는 회사원은 몇 점'이라는 식으로 점수가 매겨져 있다. 학벌도 서울대, 연·고대, 지방대 등으로 분류되어 점수가 정해져 있다.

외모 면에서 남자의 경우 키 175센티미터 이상이고 호감 가는 인상, 키 175센티미터 미만의 호감 가는 인상, 그리고 호감 가는 인상이 아닌 경우 등으로 구별되어 점수가 매겨진다. 재미있는 것은 장남은 총점에서 5점이 감점된다는 점이다. 이렇게 계산하여 총점 65점 이상이 되어야 회원등록을 받아준다고 한다.

지금이야 그때보다 결혼 정보 회사도 더 많이 생겼고 세월도 변했으니 또 다른 방식의 계산법이 나왔을 것이다. 회사마다 약간의 차이는 있겠지만 결혼 적령기에 있는 남녀들을 대상으로 점수를 매기는 방식은 비슷하지 않을까 생각한다.

발표를 맡았던 학생의 조사에 의하면 결혼 정보 회사를 찾는 사람들은 세 부류라고 했다. 첫째, 공부와 일에 매달려 결혼 시기를 놓친 사람. 둘째, 자신의 수준에 맞는 사람을 만나고 싶어 하는 사람. 셋째, 번듯한 사회적인 배경과 부유한 결혼 생활을 꿈꾸는 사람.

학생들은 결혼에 대해 열띤 토의를 하면서 남녀가 만나는 방법 중 하나로 결혼 정보 회사를 선택하는 것도 하나의 대안일 수 있다는 점에 대부분이 동의했다. 공부와 일에 매달리다 보면 연애할 기회를 놓치는 경우도 많고, 의외로 소극적인 성격 탓으로 이성 교제에 적극적이지 못한 사람도 많기 때문이다. 흔히 요즘은 일찍부터 이성 교제를 시작하는 데다가 어른들도 이성 교제에 대해 너그럽기 때문에 모두들 데이트 경험이 많을 것이라고 생각한다. 하지만 소극적이고 부끄러움을 많이 타는 성격 탓으로 이성에게 적극적으로 접근하지 못해서 고민하는 대학생들도 부지기수다.

교제 범위가 넓고 활달한 성격이라면 이성을 만날 수 있는 기회가 많지만 그렇지 못한 경우에는 변변한 이성 친구 한 명 없이 대학생활을 마치기도 한다. 그래서일까. 강의 시간에 배우자 선택을 신중히 해야 한다고 강조하면 어떤 학생들은 뜨악한 표정을 짓기도 했다. 이성을 만날 기회 자체가 많지 않은데, 신중하게 고르고 말고 할 것이 어디 있느냐는 식이다. 그럴 만도 한 것이 이성 교제에 매우 적극적인 연애박사도 많지만, 반면에 부익부빈익빈처럼, 한 명의 이성을 만나 데이트 해보기도 힘든 모태솔로들도 의외로 많다. 사정이 이러니 남녀 심리 차이나 연애하는 방법 같은 데에 귀를 솔깃해 할 수밖에 없다.

카사노바가 될 게 아니라면 연애하는 방법이 따로 있는 게 아니다. 자신이 몸담고 있는 삶의 현장에서 열심히 살면서 자신의 매력을 가꾸어나가고, 나아가 이성 교제에 대해서도 적극적인 관심을 가지고 시간과 노력을 투자해야 한다. 좋은 성적을 얻으려면 공부에 매진해야 하듯이 좋은 배우자를 만나려면 먼저 이성을 만나는 데 열의를 보여야 한다. 어떤 사람들은 자신이 좋은 조건을 만들어놓으면 좋은 배우자를 만날 수 있으니 이성을 만나는 데 시간을 투자하기보다는 그 시간을 아껴 더 좋은 결혼 조건을 만드는 것이 낫다고 말하기도 한다.

그러나 좋은 조건을 만드는 것과 자기에게 잘 맞는 배우자를 만나는 것은 별개의 사안이다. 소위 좋은 신랑감, 신붓감이라고 말하는 조건을 가지고 있는 것과 자기에게 잘 맞는 배우자를 만나는 것하고는 크게 연관이 없다. 어쩌면 좋은 조건을 가졌기 때문에 더욱 좋은 조건을 가진 배우자를 만나려고 조건을 따지다가 자기와 잘 맞지 않는 배우자를 선택할 위험도 있다.

자기에게 잘 맞는 배우자를 만나려면 다양한 이성들을 만나 데이트를 해보면서 나름의 결혼관을 정립하는 과정이 꼭 필요하다. 결혼관은 하루아침에 정립되는 것이 아니기 때문에, 삶의 현장에서 다양한 이성들과의 상호작용을 통해 이성에 대한 이해를 높이고, 그중에 마음에 드는 이성하고는 데이트도 해보는 적극성을 가져야 한다.

만남은 삶의 현장에서 자연스럽게 이루어지는 게 가장 바람직하다. 자연스러운 만남이 어려울 경우 전문적 중매인의 도움도 필요하겠지만 마치 햇빛과 비와 바람을 맞으며 꽃이 피고 열매가 익어가듯이 생활 속에서의 자연스러운 만남을 통해 서로를 알아가는 과정이 상호 신뢰와 애정의 토대가 된다.

따라서 무엇보다 중요한 것은 배우자가 멀리 유토피아에 살고 있는 이상적인 존재가 아니라 바로 지금 이곳, 내가 살고 있는 세상에서 함께 호흡하며 살고 있는 사람이라는 현실 인식을 가지는 것이다. 데이트 역시 영화에나 나오는 달콤한 일이 아니라, 때로는 거절도 당하여 망친 시험지처럼 체면이 구겨지기도 하고, 너무 긴장한 나머지 실수를 연발하기도 하는, 성장 과정에서 거쳐야 할 발달과업 중의 하나라는 사실을 인정하는 태도가 꼭 필요하다.

좋은 조건을 만드는 것과 자기에게 잘 맞는 배우자를 만나는 것은 별개의 사안이다. 소위 좋은 신랑감, 신붓감이라고 말하는 조건을 가지고 있는 것과 자기에게 잘 맞는 배우자를 만나는 것 하고는 크게 연관이 없다.

자기에게 잘 맞는 배우자를 만나려면 다양한 이성들을 만나 데이트를 해보면서 나름의 결혼관을 정립하는 과정이 꼭 필요하다. 결혼관이 하루아침에 정립 되는 것은 아니기 때문에, 삶의 현장에서 다양한 이성들과의 상호작용을 통해 이성에 대한 이해를 높이고, 그중에 마음에 드는 이성하고는 데이트도 해보는 적극성을 가져야 한다.

5

등잔 밑이
어둡다

상대방 가족의 분위기를 직접 느낄 기회를 가져라.

리처드 우드리J. Richard Udry는 1971년 배우자 선택에 관한 여러 연구들을 종합해서 여과망이론filter theory을 발표했다. 여과망이론이란 마치 여과지로 커피를 걸러내듯이 최종 배우자 선택을 6개의 여과 장치를 통해 걸러내는 과정으로 설명하는 재미있는 이론이다. 뒤에 가서 여섯 가지 여과망에 대해 자세히 설명할 기회가 있을 것이므로 여기에서는 첫 번째 여과망에 대해서만 언급하려 한다.

여과망이론에서 최종 배우자를 걸러내는 첫 번째 여과망은 근접성의 여과망이다. 즉 미혼 남녀에게는 세상의 모든 이성이 잠재적 배우자가 될 수 있지만 그중에 자신과 가까이 있어서 만날 수 있는 기회가 많은 사람이 배우자로 선택될 가능성이 높다는 것이다.

여과망이론에서 설명하듯이 현실적인 상황에서도 배우자는 가까이 있는 사람 중에서 선택되기가 쉽다. 그런데 가까이 있는 사람을 선택하는 데에는 취약점이 있는데 바로 등잔 밑이 어둡다는 것이다. 가까이 있어서 자연스레 만나다가 교제하고 결혼하게 되면 그 사람에 대한 객관적 평가를 하기가 힘들다. 더욱이 지금은 개인 휴대폰으로 서로 연락을 취하다 보니 교제하는 두 사람 사이에 다른 사람이 개입할 여지가 적다.

예전에는 누군가와 통화하려면 주로 집전화를 사용했다. 집전화를 사용하면 아무래도 상대방의 가족들과도 통화하게 되고, 그러다 보면 서로 인사도 나누게 되면서 조금씩 상대방 집안의 분위기를 느끼게 된다. 이에 비해 개인 휴대폰은 그러한 기회를 원천적으로 차단한다. 인터넷도 마찬가지이다. 인터넷 카페나 블로그 등에서는 쪽지나 메일을 통해 제삼자의 개입 없이 일대일의 직접적 연결이 이루어진다. 참 편리한 세상이고 개인의 사생활이 보호되는 시스템이기도 하다. 그러나 남녀의 만남에는 이러한 문명의 이기가 도리어 부정적 영향을 미칠 수도 있다.

일 중심의 관계라면 일대일의 폐쇄적 관계가 별달리 부정적 영향을 미치지 않을 수 있다. 해당되는 업무만 수행하면 되기 때문이다. 하지만 결혼이란 그렇지 않다. 부부 두 사람의 관계뿐 아니라 두 사람을 둘러싼 복합적 인간관계가 결혼 생활에 큰 영향을 미친다. 연애는 두 사람만의 일일 수 있지만 결혼 생활에는 시댁, 처가, 친구 등 여러 사람과의 관계가 포함된다.

따라서 상대방 가족의 분위기를 직접적으로 느낄 기회를 가지는 것이 필요하다. 일대일로 만나서 상대방이 전해주는 자신의 가족 분위기를 일방적으로 전해 듣는 것만으로는 부족하다. 또한 일대일 데이트도 해야겠지만 친구들과 함께 만나는 자리에서 상대방의 인성을 더 객관적으로 파악할 수도 있다. 때로는 고의적으로 진실을 은폐할 수도 있고 그렇지 않다고 하더라도 주관적 관점에서 이야기하는 데서 발생하는 오류가 있을 수 있기 때문이다.

등잔 밑이 어둡다는 속담대로 사람도 너무 가까이에서 일대일로 보면 제대로 파악하기가 어려운 경우가 많다. 그림도 어느 정도 떨어져서 감상해야 그 진가를 알듯이 사람도 그렇다. 너무 밀착되어 가까이에서만 보기보다는 조금 멀리 떨어져서 관찰할 필요가 있다. 자신이 교제하고 있는 사람을 친구들과의 관계 속에서, 부모님이나 형제들과의 관계 속에서, 친척들과의 관계 속에서 그리고 업무와 관련된 사람들과의 관계 속에서 한 번쯤 신중히 살펴본다면 잘못된 선택을 할 확률이 훨씬 줄어들 것이다.

6

이성 교제는
학습이다

이성 교제는 인간의 발달 과정에서 누구든지
반드시 거쳐야 하는 학습 과정이다.

청년기에 시작되는 이성 교제는 구태여 배우지 않아도 자연 발생적으로 이루어지는 것 같지만, 사실 이성 교제는 인간의 발달 과정에서 누구든지 반드시 거쳐야 하는 학습 과정이다. 이성을 이해하고 사랑함으로써 결혼을 하여 가정을 이룰 수 있도록 준비해나가는 필수 과정인 것이다. 만일 이 과정을 제대로 밟지 못했다면 인생의 어느 시기에 그로 인한 불편함을 겪을 수도 있다.

이성 교제의 최종 목적은 배우자 선택이지만 이성 교제에는 오락적 기능 등 배우자 선택 이외의 다른 기능도 있다. 이성 교제를 통해 사람들은 다른 성에 대해 이해하게 되고 사회인으로서 기대되는 성인 남녀의 역할이 있음을 느끼고 알게 된다. 동성의 친구에게서는 배울 수 없는 다양한 역할을 실제적인 상호작용을 통해 배우게 되는 것이다. 또한 여러 사람들과 데이트를 즐기면서 자기에게 맞는 유형의 이성을 찾아가게 된다. 최종적으로는 한 사람의 이성만 배우자로 선택되어 남고 배우자로 선택되지 않은 다른 사람들은 서로가 서로에게 성인 남녀의 역할을 학습시켜주는 친구요, 선생님이라 할 수 있다. 인간은 다양한 이성 교제에서 경험하는 상대방의 반응을 기초로 자신의 성적 정체감을 발전시킬 수 있다.

젊은 남녀가 함께 어울리는 것 자체가 즐거움이므로 흔히 젊은이들은 이성 교제에서 재미만을 추구하는 어리석음을 범하기도 한다. 하지만 이성 교제에는 배우자 선택이라는 정말 중요한 기능이 있다는 것을 잊어서는 안 된다. 젊은 날의 소중한 시기에 남녀가 재미삼아 어영부영 어울려 놀다가 배우자를 선택하게 된다면 이후 결혼 생활에서 어려움을 겪을 수도 있다는 말이다. 따라서 데이트와 이성 교제는 젊은 시절에 누릴 수 있는 특권이기도 하지만 인생의 반려자를 찾는 매우 중요한 과업이기도 하기 때문에 이성 교제에는 책임감과 신중성이 반드시 필요하다.

나는 결혼 전에 많은 이성을 만나보기를 권한다. 오락적 목적의 추구에만 그치는 이성 교제가 아니고 성인으로서의 성숙한 책임감이 전제가 된다면 이성 교제는 성숙을 위한 좋은 밑거름이 된다. 여러 사람을 충분히 만나 본 후에 자신이 남성 혹은 여성으로서 어떤 강점과 약점이 있는지를 파악하고, 또 자신에게 잘 맞는 배우자는 어떤 사람인지를 알게 될 때에야 비로소 명확한 결혼관이 정립될 수 있다.

백마 탄 기사나 잠자는 공주를 기대하는 어리석음으로 결혼하지 않기를 바란다. 결혼은 현실이지 꿈이 아니다. 이성에 대한 막연한 기대나 비현실적인 사고방식을 가지고 결혼을 꿈꾸지 마라. 수영을 배우려면 물에 뛰어들어야 하듯이 행복한 결혼을 원한다면 직접 팔을 걷어 부치고 이성 교제에 '풍덩' 뛰어들어야 한다.

여기에서 명심할 것은 이성 교제에도 단계가 있다는 것이다. 처음에는 여러 사람과 자유롭게 교제하는 자유 교제casual or random date를 한다. 자유 교제 단계에서 젊은이들은 이성에 대한 에티켓을 익히고 자신의 성과는 다른 사고방식, 행동양식을 지닌 이성에 대해 이해하며 자기 자신의 강점과 약점을 파악하고, 자신에게 맞는 이성이 어떤 유형의 사람인지를 알게 된다. 그러다가 매력적인 한 사람과 집중적인 만남을 가지게 되는데, 이것을 계속적 교제steady or serious date라고 부른다. 계속적 교제는 자유 교제를 통해 만난 이성 중에서 자신에게 잘 맞는 사람을 선택하여 지속적으로 만나면서 그 사람과 결혼하여 행복하게 살 수 있을지를 신중하게 살펴보는 단계이다. 계속적인 교제를 통해 상호간에 결혼에의 의지가 생기게 되면 결정적 교제 pinning 의 단계로 진입한다. 결정적 교제는 결혼을 하기 위한 약속 단계라고 볼 수 있으며 어느 정도 구속적인 단계라고 할 수 있다.

결정적 교제 단계에서 확고한 혼인 의사를 서로 확인하게 되면 약혼과 결혼의 단계로 이어진다. 그러나 결정적 교제 단계에서 서로 최종적 결혼 합의에 이르지 못하면 새로운 사람을 만나기 위해 다시 자유 교제 단계로 돌아가야 한다. 결정적 교제와 약혼을 통합된 하나의 단계로 볼 수도 있다.

그러나 결정적 교제는 두 사람이 결혼하겠다는 개인적 약속 단계이기 때문에 이를 다른 사람에게도 알리는 약혼과는 다르다. 그래서 나는 결정적 교제와 약혼을 구별된 별개의 단계로 보고 싶다. 즉 결정적 교제가 두 사람 사이의 개인적인 결혼 약속을 전제로 한 것이라면 약혼은 보다 사회적인 책임이 따르는 약속이라고 생각한다. 두 사람이 결혼을 결정하고 개인적으로 결혼을 약속하는 것과 부모님이나 친척, 친구들에게 결혼을 공표하는 약혼하고는 구별해서 보는 것이 좋다.

흔히 약혼이라고 하면 약혼식이나 예물 등을 생각하는데 나는 별도의 약혼식이나 예물 교환이 없다고 하더라도 결혼할 두 사람이 결혼에 대한 사회적 약속을 하면 바로 그것이 약혼이라고 생각한다.

성질이 급한 이들은 결혼을 결정하면 곧 실행에 옮긴다. 그러나 결혼을 결정한 후 약혼 기간이란 시간을 두고 결혼에 대해 다시 한 번 숙고하는 것이 결혼 생활에 도움이 된다. 아무래도 젊은이들은 이성보다는 감성적으로 결혼을 결정할 수도 있으므로 너무 급히 결혼을 하면 배우자 선택에 대해 후회할 수 있기 때문이다.

나는 결혼 전에 많은 이성을 만나보기를 권한다. 오락적 목적의 추구에만 그치는 이성 교제가 아니고 성인으로서의 성숙한 책임감이 전제가 된다면 이성 교제는 성숙을 위한 좋은 밑거름이 된다. 여러 사람을 충분히 만나 본 후에 자신이 남성 혹은 여성으로서 어떤 강점과 약점이 있는지를 파악하고, 또 자신에게 잘 맞는 배우자는 어떤 사람인지를 알게 될 때에야 비로소 명확한 결혼관이 정립될 수 있다.

7

안전한 결혼을 위해
꼭 필요한 것

─────

๛

연습 없이 무대에 오르지 마라.

인스턴트 시대이다 보니 절차 생략을 효율적이라고 평가하는 분위기가 있다. 물론 그 말도 일리가 있다. 불필요한 절차는 건너뛰어도 된다. 그러나 기다리기 싫어하고 즉각즉각 나타나는 결과에 익숙해지다 보면 때로는 꼭 밟아야 할 절차마저 생략해버리는 우를 범하기도 한다.

파경 위기에 처한 부부들을 상담하다 보면 특징적인 현상이 있다. 물론 다 그렇지는 않지만 충분한 교제 기간 없이 결혼 생활에 진입한 경우가 많다. 이혼 위기에 있는 부부를 만날 때, 상담자로서 나는 그들의 결혼 전 교제 기간에 관심을 가지는데, 결혼 전 교제 기간이 충분했던 부부를 만나면 나도 모르게 안심을 하게 된다. 왜냐하면 그런 부부들은 상담 과정에서 위기를 타개할 수 있는 신뢰나 애정을 보여줄 때가 많았기 때문이다. 그러나 결혼 전 교제 기간이 매우 짧고, 여러 가지 외부적 요인에 의한 결혼 압박으로 서둘러 결혼한 내담자들은 상호 신뢰나 애정을 회복하기 어려운 경우를 많이 보았다.

한 사람과의 지속적이고 충분한 교제를 통해서 상대방에 대해 파악한 후에 결혼을 해야 하는 것은 너무나 기본적인 결혼의 원칙이다. 이런 원칙을 지키지 못하고 결혼 생활을 시작한 사람들을 만나 보면 세상에는 공짜가 없다는 생각을 하게 된다. 서둘러 결혼해서 아낀 시간과 노력만큼, 결혼 생활의 현장에서 서로를 알고 이해하고 사랑하기 위한 힘겨운 노력들을 해야 하기 때문이다. 그러다가 도저히 서로 이해할 수 없고 사랑할 수 없으면 이혼이라는 극단적인 선택도 하게 된다.

오랫동안 사귄 커플일지라도 충분한 약혼 기간을 거치면서 결혼에 대해 진지하게 생각하고 준비한 후에 결혼하는 것이 결혼 후 적응에 도움이 된다. 따라서 충분한 교제 기간을 가졌다고 해도 결혼을 심사숙고하기 위한 약혼 기간을 가지는 것이 매우 중요하다. 약혼 기간이라고 해서 약혼식 같은 것을 하라는 것이 아니고, 자연스럽게 결혼 준비를 하면서 충분한 시간을 가지라는 것이다.

　나는 약혼 기간의 중요성을 자연분만과 인공분만의 차이로 설명한다. 자연분만이 아기나 산모에게 더 좋은 것은 진통 시간을 통해 아기가 엄마와 함께 세상에 나갈 준비를 하기 때문이다. 생각해보라. 아직 세상 밖으로 나갈 준비도 되어 있지 않은데 의사에 의해 갑자기 엄마 뱃속에서 나와 세상 밖으로 나가야 하는 아기의 당혹감을……

　결혼도 마찬가지이다. 두 사람이 함께 결혼 생활을 시작할 최적의 순간이 있다. 서로 사랑하는 두 남녀가 결혼하기에 가장 좋다고 합의한 시기가 가장 좋은 때이다. 그때가 정확히 언제인지를 확정하기는 쉽지 않겠지만 결혼 시기를 확정하기 전에 약혼 기간을 거치면서 보다 현실적으로 결혼을 준비하는 것이 결혼 후의 적응에 도움이 된다.

　이는 아무리 훌륭한 연극배우라도 연습 없이 무작정 무대에 오르기보다 리허설을 통해 자신의 준비 상태를 점검한 후에 연극무대에 오르는 것과 같은 이치다.

　약혼은 친척이나 친지에게 두 사람의 관계를 알리는 공표의 기능을 가진다. 두 사람이 결혼할 것을 예고함으로써 양가 및 친지들에게 예비부부로 받아들여지며 약혼자, 예비 사위, 예비 며느리 등 약혼에 따른 예비적인 사회관계도 수립된다. 이런 과정을 통해 두 사람은 커플로 공인된다. 따라서 그동안 사귀어왔던 이성 친구들과의 관계를 정리하고 두 사람의 관계로 남녀 관계가 한정된다.

약혼 기간은 결혼에 대한 준비와 미래 계획을 위해서도 매우 중요한 시기이다. 가족계획, 경제 협력 관계, 부부간 가사 분담 문제, 주거 마련 계획, 결혼식과 결혼 과정에 대한 구체적인 준비 등이 약혼 기간 중에 의논하고 결정해야 할 과제들이다. 또한 약혼 기간 동안에는 서로의 가족이 처한 상황을 잘 이해하고 친밀한 관계를 유지할 수 있도록 상대방 가족에 대한 기본적인 지식을 가져야 한다. 미래의 시부모-처부모와의 관계를 포함한 배우자 가족과의 친밀한 관계는 결혼 후 적응에 매우 중요한 요인이다.

약혼 기간 동안 두 사람은 서로의 관계를 재검토하고 재정립해야 한다. 상대방의 성격이나 상황 등에 대한 재검토는 결혼 후의 적응에 도움을 줄 뿐 아니라 불행한 결혼을 방지하는 역할을 한다. 약혼 기간을 거치면서 재검토되지 않고, 열정이나 낭만에 이끌려 서둘러 결혼할 경우 이혼하게 되는 경우도 많기 때문에 충분한 시간을 가지고 결혼 대상과 결혼 자체에 대해 심사숙고하는 자세가 필요하다.

약혼 기간은 결혼에 대한 준비와 미래 계획을 위해서도 매우 중요한 시기이다. 가족계획, 경제 협력 관계, 부부간 가사 분담 문제, 주거 마련 계획, 결혼식과 결혼 과정에 대한 구체적인 준비 등이 약혼 기간 중에 의논하고 결정해야 할 과제들이다. 또한 약혼 기간 동안에는 서로의 가족이 처한 상황을 잘 이해하고 친밀한 관계를 유지할 수 있도록 상대방 가족에 대한 기본적인 지식을 가져야 한다. 미래의 시부모-처부모와의 관계를 포함한 배우자 가족과의 친밀한 관계는 결혼 후 적응에 매우 중요한 요인이다.

8

만남의 민감한 시기
가설

❧

배우자에 대한 각인과 애착이 형성되는 시기가 있다.

20여 년 동안 '결혼과 가족'을 주제로 학생들을 가르치고 상담 현장에서 많은 부부들을 만나면서 나는 '만남의 민감한 시기 가설'을 세울 수 있었다. 앞서도 말했지만 나는 부부 상담을 할 때 부부가 만나게 된 과정을 꼭 물어본다. 오랜 상담 경험을 통해 부부가 만나게 된 계기나 과정이 부부 관계에 중요한 영향을 미치는 것을 발견했기 때문이다. 특히 서로 잘 적응하여 함께 성장하는 부부보다는 상호 부적응 속에서 관계의 성장이 지체된 부부에게서 그 영향이 부정적인 방향으로 더욱 심각하게 나타나는 것을 보았다.

더욱이 상대방을 얼마만큼 믿는가 하는 신뢰의 부분에서는 부부 각자가 가진 만남의 초기 경험이 많은 영향을 끼쳤다. 어떤 남편은 아내가 자신을 처음 만났을 때 나이를 속였기 때문에 아내의 다른 말도 거짓일 수 있다고 주장했다. 또한 결혼하여 아이를 낳고 살면서도, 남편이 교제 기간 중에 자신에게 시댁의 상황을 속인 것에 대해 지속적으로 배반감을 느끼고, 남편을 믿을 수 없어 이혼하고 싶다고 말하는 부인을 만나기도 했다. 그 부인은 막상 결혼을 하고 보니 시댁의 상황이 너무 안 좋은데, 시댁으로 인한 부담을 느낄 때마다 거짓말을 하여 아무런 대비 없이 결혼에 이르게 한 남편에 대해 분노와 배반감을 느낀다고 이야기했다.

결혼 과정에서 조건이나 상황에 대해 다소 부풀려 말한다던가, 꼭 이야기해야 할 상황들을 고의적으로 빠뜨리고 말하지 않는 행동에 대해 "결혼을 하려면 그럴 수도 있다"고 용인하는 분위기가 팽배하다. 특히 중매결혼에서는 결혼이 원활하게 성립되게 하기 위해서 어느 정도의 거짓말은 할 수도 있다고 생각하는 사람들도 있다. 이는 매우 위험한 생각이다.

요즘은 중매를 통한 국제결혼도 많다. 다문화가정의 부인을 만나 보면 중매 과정에서 중매인들이 돈을 벌려는 욕심으로 거짓된 정보를 주어서 결혼에 이르게 한 사례가 이따금씩 있어서 마음이 아플 때가 있다. 말이 안 통하는 상황에서 통역자를 통해 대화를 나누다 보니 의도하거나 의도하지 않은 통역 실수로 인해 중대한 정보를 잘못 전달받는 경우도 있다.

내가 만났던 다문화가정의 부인은 남편에게 장애가 있었는데 중매를 한 사람이 지금 맞선 상대가 교통사고로 다쳐서 몸이 불편하다고 통역을 했다고 한다. 그녀는 남자의 장애가 일시적이라고 생각하고 결혼하였다. 그러나 남편의 부상이 점차 나을 것이라 믿었던 아내는 시간이 지나도 남편의 장애가 회복될 수 없다는 것을 알게 되어 극심한 부부 갈등 속에 이혼을 하였다. 막상 남편을 만나 물어보니 자신은 분명히 장애를 가지고 있다고 말했다고 하고, 모르는 언어로 통역을 했으므로 그렇게 통역을 했으리라고는 생각하지 못했다고 말했다. 누구의 잘못인지는 모르지만 참 안타까운 일이었다.

부부 상담을 하면서 부부가 만났던 때의 초기 경험이 부부 관계에 미치는 영향을 볼 때면 나는 콘라드 로렌쯔Konrad Lorenz의 각인이론(동물의 생존가능성을 증진시키는 행동패턴 중에 새끼가 어미를 따라 다니는 추종행동을 설명하는 이론)과 존 보울비John Bowlby의 애착이론(동물행동학적 이론을 인간발달에 적용하여 유아와 어머니의 애착관계를 설명)을 떠올리곤 한다. 어쩌면 부부가 서로 처음 만나는 과정에도 아기가 엄마를 처음 만나는 순간처럼 서로에 대해 깊이 각인되는 어떤 기제가 있는 것이 아닌가 하는 생각이 든다.

동물행동학자인 로렌쯔가 주장한 각인이론에서 각인imprinting이란 새끼 새가 부화한 직후부터 어미를 따라다니는 추종행동을 설명해 준다. 추종행동은 새끼 새의 생존을 위한 행동인데 그 이유는 새끼 새가 어미로 각인된 어미 새를 따라다님으로써 먹이를 공급받을 수 있고, 안전하게 보호받을 수도 있기 때문이다. 이러한 각인은 강한 애착기제로 진화하여 새끼들은 어미를 따라다니며 자신을 보호하게 된다고 한다.

재미있는 점은 각인이 생후 초기, 제한된 시간 내에만 일어난다는 점이다. 각인이론에서는 각인이 생후 초기의 특정한 시기 동안 어떤 대상에 노출되어 따라다니면서 그 대상에 애착하게 된다고 설명하며, 각인이 이루어지는 특정한 시기를 '결정적 시기'라고 말한다. 그러니까 각인이 이루어지는 특정한 시기 동안 특정한 대상에 노출되어 그 대상을 따라다니며 애착을 형성하는 것이다. 만약 결정적 시기 이전이나 이후에 대상에 노출된다면 각인이나 애착은 형성되지 않는다고 한다.

각인이론을 설명하는 아동학 교과서에는 로렌쯔를 쫓아다니는 새끼 오리를 찍은 유명한 사진이 실리곤 한다. 그 사진을 보면 새끼 오리가 로렌쯔를 어미로 알고 그 뒤를 졸졸 따라다니고 있다. 태어나서 처음 보는 움직이는 물체를 쫓아다니는 오리의 습성 때문에 로렌쯔를 어미로 각인하게 된 새끼오리들이다. 다시 말해 각인이 이루어지는 결정적 시기에 제 어미가 아니라 로렌쯔에게 노출된 오리들이 로렌쯔를 어미로 알고 따라다니는 것이다.

결정적 시기는 아동발달에도 적용되어서 아동에게도 특정 발달이 이루어지는 결정적 시기가 있다고 보고 이를 민감한 시기sensitive period라고 부른다. 민감한 시기는 결정적 시기보다는 덜 고정적이지만 특정 발달에 중요한 영향을 미치는 시기임에는 틀림없다.

유아와 어머니의 애착 형성에도 애착이 형성되는 민감한 시기가 있다. 보울비는 동물행동학적 이론을 인간에게 적용하여 유아와 어머니와의 애착 관계를 설명했는데, 그 이론이 애착이론이다. 그는 아동들이 생의 초기에 어머니에 대한 확고한 애착을 형성하지 못하면 친밀한 인간관계를 맺지 못한다고 주장했고, 아동의 애착 형성에도 민감한 시기가 있다고 주장했다. 애착이론에 의하면 아동이 어머니와 애착을 형성하는 민감한 시기는 생후 3년 정도이다.

남녀가 만나 사랑을 하고 결혼을 하는 과정에서는 여러 가지 조건과 상황들이 고려된다. 그래서 사람들은 그들이 겉으로 나타나는 외면적 조건과 상황만을 따지는 것이라고 생각하기도 한다. 그러나 내가 생각하기에는 그 과정에서 자기가 만난 상대방에 대한 내면적 태도도 함께 결정되는 것 같고, 그러한 과정을 통해 수립된 상대방에 대한 판단과 평가 그리고 느낌은 결혼 생활 전반을 통해 매우 강력한 영향을 미치는 것으로 보인다.

따라서 결혼의 시작인 만남은 정말로 중요하다. 시작이 반이라는 속담처럼 어쩌면 만남이 결혼 생활의 절반을 지배하는지도 모른다. 다시 한 번 강조하지만, 결혼을 전제로 한 남자와 여자의 만남은 그 이후의 결혼 생활에 매우 중요한 영향을 미치기 때문에 만남의 과정에 투명한 도덕성이 확보되어 건강한 애정 발달의 토대가 될 수 있도록 노력해야 한다.

결혼 과정에서 조건이나 상황에 대해 다소 부풀려 말한다던가, 꼭 이야기해야 할 상황들을 고의적으로 빠뜨리고 말하지 않는 행동에 대해 "결혼을 하려면 그럴 수도 있다"고 용인하는 분위기가 팽배하다. 특히 중매결혼에서는 결혼이 원활하게 성립되게 하기 위해서 어느 정도의 거짓말은 할 수도 있다고 생각하는 사람들도 있다. 이는 매우 위험한 생각이다. 남녀가 만나 사랑을 하고 결혼을 하는 과정에서는 여러 가지 조건과 상황들이 고려된다. 그래서 사람들은 그들이 겉으로 나타나는 외면적 조건과 상황만을 따지는 것이라고 생각하기도 한다. 그러나 내가 생각하기에는 그 과정에서 자기가 만난 상대방에 대한 내면적 태도도 함께 결정되는 것 같고, 그러한 과정을 통해 수립된 상대방에 대한 판단과 평가 그리고 느낌은 결혼 생활 전반을 통해 매우 강력한 영향을 미치는 것으로 보인다.

9

나는 언제
결혼할까?!

모시 고르다가 베 고른다.

과거에는 결혼 적령기라는 개념이 매우 엄격해서 그 시기를 놓칠
까봐 결혼을 서두르던 시절이 있었다. 또 결혼도 순서대로 해야 한
다는 사회 통념 때문에 동생이 언니보다 결혼 상대자를 먼저 만나도
언니가 결혼할 때까지 기다리는 경우도 많았다. 그러다 간혹 동생의
결혼에 지장을 주지 않기 위해 언니가 배우자 선택을 너무 급하게
해서 불행한 결혼 생활에 이르게 되기도 했다.

나이나 출생 순서 등 외부 요인의 영향을 최소한으로 받으면서 결혼할 당사자가 자유롭고 신중하게 배우자를 선택하고 결정해야 함은 백번 옳은 생각이다. 하지만 예전의 엄격한 결혼 적령기 개념에서 놓여나서 결혼 당사자의 자유의지에 의한 배우자 선택이 강조되다 보니 결혼 적령기가 아예 없다고 생각하는 사람들도 있다. 이는 극단적인 생각이다. 태어나서 죽을 때까지 인간발달주기를 구분해보면 사회적, 생물학적으로 결혼하기에 좋은 이상적인 시기가 있다. 즉 결혼 적령기가 없는 것이 아니고 과거처럼 무조건 지키기보다 개인에 따른 다양한 차이를 사회적으로 수용해야 한다는 뜻이다.

사티어Satir 가족치료에서는 가족 규칙들이 너무 엄하게 적용되면 가족 간의 관계가 경직된다고 이야기한다. 예를 들어 "아빠에게 말대꾸를 해서는 안 된다"는 가족 규칙을 너무 철저히 지키다 보면 아빠에게 꼭 해야 할 말도 못하게 되어서 결과적으로 부자 사이가 소원해질 수밖에 없다는 것이다. 그래서 사티어 가족치료에서는 "규칙을 지침으로 바꾸라"고 조언한다. 엄격하게 규칙을 지키는 것이 아니라 바람직한 지침으로 융통성 있게 기능하도록 변화시키라는 말이다. 아버지가 하는 말을 존중해야 한다는 원칙은 맞지만 때로 아버지가 자녀의 상황을 제대로 파악하지 못해 잘못된 판단이나 오해를 할 때에도 아버지의 말을 무조건 수용해야 하는 것은 아니다.

결혼 적령기 개념도 이와 비슷하다. 엄격한 나이 기준에 맞추어서 억지로 결혼할 필요는 없지만 자녀 출산이나 양육 등의 가족생활 주기를 고려해서 적절한 시기에 결혼을 하는 것이 좋다. 대체로 인간은 누구나 태어나서 어른이 되어 결혼하고, 부모가 되고 조부모가 되며 노쇠하고 죽는 때가 생물학적으로 어느 정도 정해져 있다. 따라서 결혼 연령의 다양성 등 인생주기의 다양성도 그러한 기본적 질서 안에서 이루어질 수밖에 없다. 그런데도 결혼 적령기가 없다고 생각하고 '아무 때나 결혼하면 된다'는 생각으로 배우자를 만날 노력도 적극적으로 하지 않고 더 좋은 배우자가 혜성처럼 나타나기를 기다리는 싱글들도 있다. 자신의 인생에 대한 대략적인 계획 없이 '언젠가는 결혼하게 되겠지' 하는 안이한 자세로 있다가 결혼할 때를 놓치는 경우도 주위에서 드물지 않게 본다.

공자는 열다섯 살에 학문에 뜻을 두었고 서른 살에 독립했다고 말했다. 삼십이립三十而立이라는 공자의 말씀처럼 서른 살 정도에는 사회적으로나 가정적으로 독립을 하는 것이 자연스러운 일이 아닐까. 로버트 해비거스트Robert Havighurst는 인생주기를 아동초기, 아동중기, 청소년기, 성인초기, 중년기, 성숙후기의 6단계로 나누었다. 이 중 성인초기는 대략 18세에서 30세 사이로 자신의 독립된 가정을 꾸리고 사회적으로도 독립된 역할을 하는 시기이다. 해비거스트는 성인초기의 발달 과업에 배우자 선택과 결혼을 포함시켰다.

동양의 공자나 서양의 해비거스트나 인생주기의 분류에 공통점이 있는 것을 보면 예나 지금이나 사람이 살아가는 과정에는 큰 차이가 없는 것 같다. 인생주기의 주요 분수령이 되는 결혼과 배우자 선택에는 적절한 타이밍이 있다는 사실을 잊어서는 안 된다. 그러므로 자신의 인생을 어떻게 살지 큰 그림을 그려보아야 한다.

아래에 있는 '나의 인생계획표'처럼 한쪽에는 연령대를 쓰고 그 옆에는 그 나이에 내가 꼭 해야 할 일들이나 목표를 적어보라. 현재 우리나라의 평균수명은 여성 84세, 남성 77.2세로 일단 80세까지 산다고 가정하고 계획을 세워보자. 잠재되어 있던 나의 욕구나 막연한 소망들을 분명히 알게 된다. 또한 미래 계획을 짜다 보면 현재 내가 무엇을 해야 하는지도 깨달을 수 있다. 여기에 가족, 건강, 직업, 인간관계, 경제·돈, 평생학습 등의 항목을 만들어 계획을 더 세분화하여 세워볼 수도 있다.

〈나의 인생계획표〉

나이 ＼ 계획	나의 계획
20대	
30대	
40대	
50대	
60대	
70대	
80대	

결혼의 적절한 타이밍은 출산이나 자녀 양육 등 생물학적 요인과 관련되어 있기 때문에 인생주기의 다른 과업들보다는 다양성의 범위가 제한될 수밖에 없다. 예를 들어 40세가 넘어서 초혼을 한다고 한다면 그때는 대부분의 사람들이 결혼을 한 상태이기 때문에 배우자를 선택할 수 있는 범위 또한 지극히 제한적일 수밖에 없다.

뿐만 아니라 생물학적으로 부모가 되기도 어렵고 부모가 된다고 하더라도 자녀와의 지나친 연령 차이로 경제적으로나 체력적으로 자녀 양육이나 교육에 어려움을 겪을 수 있다. 또한 자녀가 성인이 되는 20세에 부모는 이미 60대에 진입하게 되기 때문에, 은퇴 이전에 자녀 양육을 끝내지 못하여 부모나 자녀 모두 부담스러운 삶을 살아야 할 수도 있다.

사람들은 대체로 일생을 통해 비슷한 생애 과정을 거치면서 살아가게 되는데 동시대를 살아가는 다른 사람들과 극단적으로 다른 인생주기를 통과하며 살게 되면 이에 따른 스트레스를 많이 느낀다고 한다. 쉽게 말해서 남들 학교 갈 때 학교 다니고 군대 갈 때 군대 가고, 취직할 때 취직하며 결혼할 때 결혼하면서 사는 것이 스트레스가 적다는 것이다. 이러한 생애 과정에서 유독 자신만 다른 과정을 거칠 때 개인은 어쩔 수 없이 스트레스를 받게 된다. 그러므로 어느 정도 나이가 되면 적정한 선에서 배우자 선택을 마무리하고 결혼 생활로 진입하는 것도 삶의 지혜다.

옛말에 "모시 고르다가 베 고른다"는 말이 있다. 무슨 일이든 너무 까다롭게 하다 보면 도리어 잘못된 선택을 할 수도 있다는 뜻이다. 배우자 선택은 젊은 남녀가 서로의 가능성을 보고 미래를 함께 하기로 약속하는 것이다. 신중하게 선택해야 하지만 동시에 어느 정도의 결단도 필요한 선택이다.

배우자 선택은 냉정하게 해야 하지만 내가 가장 중요하게 여기는 것이 충족된다면 다른 부분은 어느 정도는 손해 볼 각오를 해야 할 수 있다. 완벽한 조건을 갖춘 사람은 없고 가족이라는 공동체 자체가 누군가 손해를 보지 않으면 유지되지 않는 특성을 가지고 있기 때문이다. 어쩌면 사랑이라는 이름으로 함께 손해를 보는 것이 가족인지도 모른다. 가족은 이윤을 추구하는 다른 조직과는 다르기 때문에 가족관계를 통해 이익을 추구하기보다는 삶을 함께 공유하는 것 자체를 보상으로 여기는 특성을 가지고 있다.

여러분은 조금도 손해 보지 않는 최고의 파트너를 만나기 위해 따지고 계산하다가 혹은 결혼에 대한 방관적인 태도로 결혼 시기를 놓쳐버리는 어리석은 행동을 하지 않았으면 좋겠다. 어느 정도 나이가 들었고, 경제적으로나 사회적, 정서적으로 결혼할 준비가 되었다고 판단이 되면 선택한 배우자가 당장은 조금 부족하다고 느껴져도 미래의 가능성을 보고 결혼 생활을 시작해보는 것도 좋다. 십중팔구 상대방도 그런 마음으로 결혼을 결심하고 있을 것이므로…….

2

사랑하는 사람,
결혼하는 사람

사랑처럼 정의 내리기 어려운 것이 또 있을까.
사람들은 사랑으로 누군가를 행복하게 만들기도 하지만
사랑이라는 이름으로 가까운 사람을 힘들게 하기도 한다.
사랑에도 오류가 있기 때문이다.
미성숙한 사랑, 자기중심적인 마음, 성장하지 못하는 사랑은
진실로 사랑하고 사랑받아야 할 사람들을
불행하고 고독하게 만든다.

남녀가 만나 사랑을 하고 결혼에 이르기까지에는
어떤 역학이 존재하는 것일까.
수많은 사람들 중에서 배우자로 선택되어 결혼에 이르는 과정은
아무도 모르는 조물주의 신비인가?
결혼의 과학으로 풀어보는 결혼에 이르는 남녀의 만남과
자신에게 맞는 배우자를 선택하는 지혜를 정리해본다.

10

완전한
사랑

완전한 사랑에는 친밀감, 열정, 헌신이 있다.

살아가기 위해서 많은 것이 필요하다. 사람들은 모두 돈이 중요하다고 생각한다. 그래서 돈 버는 일에 대해 관심이 많다. 그러나 돈보다 더 중요한 것이 사랑인데 사랑에 대해서는 돈 버는 데 들이는 것만큼 노력하지 않는다. 사실 사랑도 돈처럼 벌어야 한다. 사랑하는 능력도 돈 버는 능력처럼 노력해서 키워야 하는 것이다. 그럼에도 사랑을 그저 주어지는 천연의 자원쯤으로 생각하는 사람이 많다.

지갑 속에 돈이 얼마 있나 챙기듯이 자신의 삶에 사랑이 얼마만큼 있나 챙겨보아야 한다. 나 자신에 대한 사랑, 내 가족에 대한 사랑, 내 이웃에 대한 사랑, 내 일에 대한 사랑 등 자신이 가진 사랑의 총량을 한번 헤아려보자. 지갑에 돈이 많으면 부자이듯이 마음의 지갑에 사랑이 많으면 마음의 부자이다.

사랑에는 여러 측면이 있다. 로버트 스턴버그[Robert Sternberg]는 사랑의 삼각이론에서 사랑에는 친밀감[intimacy]과 열정[passion]과 헌신[commitment]이라는 세 가지 면이 있다고 말한다. 친밀감과 열정은 있으나 헌신이 없는 사랑은 '낭만적 사랑'이다. 친밀감과 헌신은 있으나 열정이 없는 사랑은 '우애적 사랑'이고 열정과 헌신은 있으나 친밀감이 없는 사랑은 '얼빠진 사랑'이라고 한다. 친밀감과 열정, 헌신의 세 가지 요소를 모두 갖추었을 때 비로소 '완전한 사랑'이 된다. 서로 가깝게 느끼면서 열정적으로 사랑하고 때로는 상대를 위해 헌신하는 마음, 그게 완전한 사랑이다. 누군가 사랑한다고 느낄 때 친밀감, 열정, 헌신의 세 가지 축이 서로 균형을 맞추어가고 있는지 점검해볼 필요가 있다.

열정과 헌신은 있으나 친밀감이 없는 사랑을 스턴버그는 얼빠진 사랑이라고 했는데 아마도 짝사랑이 이러한 부류의 사랑에 속하지 않을까 생각된다. 성장 과정에서 많은 사람이 경험하는 짝사랑은 일면 가슴 아픈 사랑이기는 하지만 짝사랑에는 사랑을 연습하는 기능이 있다. 사랑하는 대상과의 친밀감이 없으므로 관계에 대한 책임 없이 혼자 사랑하면서 사랑을 마음껏 연습할 수 있는 짝사랑은 이성에 대한 사랑을 배우는 성장 과정 중의 하나이다.

한편 사랑의 세 가지 축 중에서 친밀감과 열정은 있으나 헌신이 없는 낭만적 사랑은 남녀 간의 사랑에 시동을 거는 역할을 한다. 일단 시동이 걸려야 차가 움직일 수 있듯이 사랑에도 시작이 있게 마련이다. 아마도 서로 매력을 느껴 열정적인 마음으로 친해지기를 바라는 마음이 두 사람으로 하여금 인생의 동반자로서 함께 사랑이라는 여행을 시작하도록 시동을 거는 것 같다.

그러나 달리는 차에 또다시 시동을 걸 수 없듯이 낭만적 사랑은 일단 시동이 걸린 후에는 큰 의미가 없다. 물론 어떤 이유로든 사랑의 시동이 꺼졌을 때 낭만적 사랑을 통해 재시동을 걸 수는 있으리라. 결혼 생활이 지루해질 때쯤, 오래전 연애 시절에 주고받은 사랑의 편지를 꺼내서 다시 읽어보면 자신도 모르게 입가에 미소가 번지면서 젊은 시절의 풋풋한 마음으로 돌아가기도 한다. 그러면서 또다시 열정적으로 사랑을 할 수 있는 에너지를 얻기도 한다.

반면 우애적 사랑은 달리는 차의 엑셀레이터 역할을 한다. 낭만적 사랑이 가지는 열정은 없지만 친밀감과 헌신의 마음으로 성실하게 하는 사랑이 우애적 사랑이라고 볼 수 있다. 낭만적 사랑으로 시작된 관계가 성숙한 사랑으로 갈 수 있도록 에너지원을 공급하는 것이 바로 우애적 사랑이다. 서로에 대한 친밀감과 헌신은 결혼 생활에 매우 필요한 덕목이기 때문이다.

우애적 사랑의 구성 요소인 친밀감과 헌신은 결혼 생활을 하면서 함께 경험하는 동지애적 사랑의 기본 골격을 이룬다. 그러나 열정이 빠진 친밀감과 헌신은 너무 오래되어 서로에 대한 사랑이 식어버린 연인처럼 삶에 생기를 불어넣지 못한다. 부부가 오랫동안 결혼 생활의 여러 가지 과업들을 성실하게 수행하는 데만 집중하다 보면 어느덧 서로에 대한 열정적 사랑이 사라지면서 삶의 생기를 잃어버리기도 하기 때문이다.

따라서 오래된 결혼 생활에서도 서로에 대한 열정을 잃지 않도록 노력해야 한다. 사랑의 삼각이론에서 말하는 열정이란 아마도 상대방의 존재 자체에 대한 끊임없는 관심과 호기심이 아닐까. 연애할 때는 열정적으로 상대방에 대한 관심과 호기심을 가지다가 결혼을 하고 난 후에는 "이제 모든 것을 알아버렸다"는 듯 상대에 대한 관심을 접고 일상생활에만 치중한다면 얼마나 서글픈 일인가.

사람도 사랑도 평생을 두고 성장하고 변화한다는 것을 잊지 않는다면 사랑 속에서 함께 성장하며 더욱 성숙한 사람이 되고 내면적으로 더욱 깊이 사랑하고 이해하는 성숙한 결혼 생활을 할 수 있다. 친밀감, 열정, 헌신이라는 사랑의 세 가지 축이 든든하게 구축되어야 안정감이 있고, 부부가 함께 성장하는 행복한 결혼 생활을 이어 갈 수 있다.

11

성숙한 사랑,
미성숙한 사랑

─────

❧

사랑은 세계에 대해 한 사람이 관계를 결정하는 태도,
즉 성격의 방향이다.

에리히 프롬Erich Fromm은 그의 저서《사랑의 기술The Art of Loving》에서
"사랑이란 우리가 사랑하는 대상의 생명과 성장에 대한 적극적인 관
심"이라고 말했다. 또한 프롬은 "사랑은 수동적 감정이 아니라 활동
이며 참여하는 것이지 빠지는 것이 아니며, 사랑은 원래 주는 것이지
받는 것이 아니다"라고 말함으로써 사랑의 능동적 성격을 설명했다.

주는 행위로서의 사랑의 능력은 그 사람의 성격 발달에 달려 있
다. 프롬은 특히 성격이 생산적인 방향으로 발달해야 한다고 말한

다. 그럴 때 인간은 의존성, 자아도취적인 성향, 상대방을 착취하려는 욕망, 지배하려는 욕망 등을 극복할 수 있고 자신의 인간적 힘에 대한 믿음을 가질 수 있다고 주장한다.

프롬은 모든 사랑의 형태에는 기본적인 요소가 내포되어 있다고 주장하는데 배려, 책임, 존경, 지식이 바로 그것이다. 배려란 인간애의 기본이다. 상대방을 배려한다는 것은 그의 존재를 존중한다는 것이다. 말로는 상대방을 존중한다고 하면서 상대방에 대한 배려가 없다면 앞뒤가 맞지 않는 행동이다. 그러니까 배려와 존중은 동전의 양면 같은 것이라고 볼 수 있다. 내가 생각하기에 배려와 존중은 인간에 대한 기본 예의이다. 상대방에 대한 배려와 존중이 없는 사람은 결국 무례한 사람이 될 수밖에 없는데 무례한 사람이 과연 누구를 사랑할 수 있겠는가.

한편 책임은 지식과 연결되어 있다. 무지한 사람은 책임을 지지 않는다. 누군가에게 해를 끼칠 의도를 가지고 악한 행동을 하는 경우도 없지는 않지만, 대체로 사람들은 자기가 한 행동이 상대방에게 어떤 영향을 줄 수 있는지를 모르기 때문에 함부로 행동한다. 그 예로 낳자마자 버려지는 아이들의 경우를 생각해볼 수 있다. 자신이 낳아서 버린 아이가 누군가에게 입양되어 정체성의 혼란을 느끼며 자랄 때의 괴로움이 어떨지를 안다면 예기치 않은 임신의 결과로 태어난 아이라고 할지라도 책임을 지려 할지도 모른다. 어떤 경우에는 그런 아픔을 생각해서, 책임을 질 수 없는 아이이기 때문에 낙태를 선택하기도 한다. 그러나 엄마의 뱃속에서 수태되어 자라다가 차가운 낙태기구에 의해 사지가 잘려나가 생명을 잃는 태아에 대한 정확한 지식이 있다면 차마 생명을 죽이는 그러한 행동을 할 수는 없을 것이다. 성관계가 출산과 연결될 수 있다는 것을 인식하고, 원치 않는 임신과 출산이 어떤 결과를 초래할 수 있는지에 대한 지식을 가지고 있다면 성행동을 자제하거나 피임을 함으로써 책임질 수 없는 임신과 출산을 피하려 할 것이다.

음주운전을 하는 사람들은 순간적인 객기로 음주운전을 하지만 음주운전 상태에서 낸 사고가 한 사람을 죽음에 이르게 하고, 한 가정을 파괴할 수도 있다는 것을 안다면 결코 음주운전을 하지 않을 것이다. 나는 성숙한 사랑을 위해서는 사랑하는 상대방에 대한, 또한 사랑을 하는 자기 자신에 대한 지식이 핵심적이라고 생각한다. 그 지식이 책임의식을 가지게 하고, 책임의식이 사랑을 감정 차원에 머물게 하지 않고 인간이 가진 최고의 정신 활동으로까지 확장시킬 수 있다고 믿기 때문이다.

성숙한 사랑은 성숙한 인격이 전제될 때에만 가능하다. 프롬은 사랑이 원래 특정한 인간과의 관계만은 아니라고 말했다. 그것은 사랑하는 한 대상에 대해서가 아니라 전체로서의 세계에 대해 한 사람이 관계를 결정하는 태도, 즉 성격의 방향이라고 한다. 이러한 프롬의 말에는 우리가 새겨들어야 할 부분이 있다.

한 사람과의 사랑에 성공할 수 있다면 다시 말해 성숙한 사랑을 통해 한 사람과의 관계 속에서 상호 성장할 수 있다면 우리는 전 세계와의 관계 속에서도 사랑을 통해 성장할 수 있기 때문이다. 그렇다면 그 반대도 가능하다. 한 사람과의 사랑에 미성숙하다면 자신을 포함한 전 세계와의 관계에서도 미성숙할 수 있다.

에리히 프롬은《사랑의 기술》에서 사랑의 미성숙한 형태를 '공생적 결합'이라고 말했다. 공생적 결합의 수동적인 형태는 '복종'이고, 능동적 형태는 '지배'이다. 복종의 형태로 나타나는 미성숙한 사랑은 마조히즘(masochism)이다. 마조히즘적인 사람은 자기를 지시하고 인도해주고 보호해주는 다른 사람의 일부가 됨으로써 분리감이나 참기 어려운 고독감으로부터 도피하려고 한다. 반면 지배의 형태로 나타나는 사디즘(sadism)은 고독감이나 강박상태로부터 도피하기 위하여 다른 사람을 자신의 일부분으로 만들기를 원한다. 따라서 자기를 숭배하는 다른 사람을 끌어들임으로써 자신을 팽창시키고 강화시킨다.

마조히즘적인 사람이 사디즘적인 사람에게 의존적이듯이 사디즘적인 사람은 복종적인 사람에게 의존적이다. 사디즘적인 사람은 명령하고 착취하며 상처를 입히고 굴욕을 주는 데 반해 마조히즘적인 사람은 명령을 받으며 착취당하고 상처를 받으며 굴욕을 당한다는 것이 차이점일 뿐, 두 경우 모두 의존할 사람이 없이는 살아갈 수가 없다.

부부 상담을 하다 보면 의처증이나 의부증 때문에 어려움을 겪는 부부들을 볼 때가 있다. 그들은 상대방에 대한 과도한 집착 때문에 배우자를 괴롭히는데 그것을 사랑이라고 착각한다. 가정 폭력 가해자의 경우도 마찬가지이다. 그들을 폭력으로 이끈 상황은 때로 상대에 대한 지나친 기대나 집착 때문이지만 그들은 그것도 사랑이라고 생각한다.

성숙한 사랑에는 성숙한 인격이 전제되어야 하기 때문에 인격적으로 미성숙한 상태에서는 사랑 역시 미성숙한 형태인 공생적 결합이 된다. 따라서 미성숙한 상태에서의 사랑과 그 결과물인 결혼은 많은 가족 문제를 야기할 수밖에 없는 것이다.

성숙한 사랑은 성숙한 인격이 전제될 때에만 가능하다. 프롬은 사랑이 원래 특정한 인간과의 관계만은 아니라고 말했다. 그것은 사랑하는 한 대상에 대해서가 아니라 전체로서의 세계에 대해 한 사람이 관계를 결정하는 태도, 즉 성격의 방향이라고 한다.

한 사람과의 사랑에 성공할 수 있다면 다시 말해 성숙한 사랑을 통해 한 사람과의 관계 속에서 상호 성장할 수 있다면 우리는 전 세계와의 관계 속에서도 사랑을 통해 성장할 수 있다. 그 반대도 가능하다. 한 사람과의 사랑에 미성숙하다면 자신을 포함한 전 세계와의 관계에서도 미성숙할 수 있다.

12

사랑의 수레바퀴를
돌려라

친밀감, 자기 노출, 상호 의존, 애정욕구 충족이라는
네 개의 바퀴를 돌려라.

사랑은 우리 삶의 가장 중요한 화두이다. 사랑에 성공하면 인생
도 성공적으로 산다. 사랑의 대상은 물론 사람만으로 한정되지 않는
다. 예술을 사랑하고 자연을 사랑하고 삶 자체를 사랑해야 한다. 그
러나 사람을 사랑하는 일은 더욱 중요하다. 사랑해야 할 사람 중에
가장 우선적으로 사랑해야 할 대상이 가족이요, 그중에서도 배우자
를 사랑하는 것이 가족 사랑의 기본이라는 것은 두말할 필요가 없는
사실이다.

연애기에는 낭만적 감정으로 시작되어 고조된 감정의 교환이 있다. 결혼하여 신혼기에도 낭만적 사랑은 지속되어 사랑의 표현에 적극적이다. 그러나 자녀가 생기고 차츰 권태기가 다가오면 낭만적 사랑의 불꽃이 사그라지면서 부부간에 애정 표현은 점점 적어진다. 부인은 가정 살림에, 남편은 사회생활에 필요한 일들을 수행하느라 사랑을 표현할 여유가 없다. 자녀 양육의 어려움과 부담, 그리고 가정의 경제적 안정을 이루어가는 일이 최우선적인 과제가 되기 때문이다.

대부분의 부부는 사랑타령 같은 것은 나이가 들면 안 하는 유치한 짓으로 생각한다. 잘못된 생각이다. 나이가 들어도 사랑의 표현은 필요하다. 사랑은 표현하면 할수록 돈독해지고 어린아이가 어른이 되듯이 연애기와 신혼 초의 낭만적 사랑은 보다 성숙한 사랑으로 변화하고 성장해가야 한다.

사랑을 설명하는 이론에 '사랑의 회전이론'이 있다. 일명 '사랑의 수레바퀴이론'(이라 레이스Ira Reiss가 주장한 이론으로 사랑의 발달 과정을 수레바퀴에 비유해 설명한 이론)이라고도 하는데 그 내용을 설명하면 이렇다.

사랑이 지속적으로 유지되려면 사랑의 수레바퀴가 지속적으로 돌아가야 한다. '친밀감, 자기 노출, 상호 의존, 애정욕구 충족(다시 말해 인성욕구 충족)'이라는 네 개의 축이 물레방아가 돌듯이 돌아가야 한다.

즉 부부가 서로 친밀감을 느끼면 자기의 감정이나 신념, 의지, 욕구 등 자기표현을 많이 하게 되고(자기 노출), 이러한 자기 노출을 서로 많이 한 부부는 서로에 대해 잘 알고 이해하게 되어 다른 사람에게서는 채워질 수 없는 친밀감이나 애정의 욕구를 서로를 통해 충족할 수 있도록 상호 의존하는 상태가 된다.

이러한 상호 의존 상태는 매우 친밀하고 깊이 있는 상호작용을 가능하게 하고 그 결과 부부는 서로 애정에의 욕구를 충족하면서 인간으로서의 기본욕구가 충족되는 상태가 된다. 그러면 부부의 애정이 더더욱 깊어지면서 친밀감을 느끼고 더욱더 심도 있는 자기 노출이 부부 상호간에 계속적으로 이루어진다. 그렇게 되면 그 다음 단계인 상호 의존 상태가 더 밀접히 이루어지며 그 결과 애정적인 욕구가 충족되어 점점 더 깊이 사랑하는 사이가 된다.

그러나 어떤 이유로든 사랑의 수레바퀴의 네 축 중 하나라도 더 이상 돌아가지 않고 멈추면 애정은 더 이상 깊어지지 않는다. 권태기나 상호 불신, 자녀나 일에 대한 지나친 몰입, 대화의 단절 등은 사랑의 수레바퀴를 멈추는 원인이 될 수 있다.

친밀감-자기 노출-상호 의존-인성욕구 충족의 네 축으로 이어지는 사랑의 수레바퀴는 매순간 새롭게 돌아가야 한다. 그래서 오랜 세월을 함께 한 부부일수록 더더욱 돈독한 애정의 수레바퀴 자국을 마음속 깊은 곳에 가지고 있어야 한다.

연애기와 신혼기에만 잠깐 돌다 멈춘 사랑의 수레바퀴 자국으로 남은 결혼 기간을 살아야 하는 부부는 정말로 사랑에 가난한 부부이다. 반면 결혼 수십 년이 지나도 매일 서로 노력하며 새롭게 사랑의 수레바퀴를 돌리는 부부는 그 수레바퀴 궤적의 길이만큼 진하고 깊은 사랑을 가진 부자이다.

사랑이 지속적으로 유지되려면 사랑의 수레바퀴가 지속적으로 돌아가야 한다. '친밀감, 자기 노출, 상호 의존, 애정욕구 충족(다시 말해 인성욕구 충족)'이라는 네 개의 축이 물레방아가 돌듯이 돌아가야 한다.

즉 부부가 서로 친밀감을 느끼면 자기의 감정이나 신념, 의지, 욕구 등 자기표현을 많이 하게 되고(자기 노출), 이러한 자기 노출을 서로 많이 한 부부는 서로에 대해 잘 알고 이해하게 되어 다른 사람에게서는 채워질 수 없는 친밀감이나 애정의 욕구를 서로를 통해 충족할 수 있도록 상호 의존하는 상태가 된다.

그러나 어떤 이유로든 사랑의 수레바퀴의 네 축 중 하나라도 더 이상 돌아가지 않고 멈추면 애정은 더 이상 깊어지지 않는다. 권태기나 상호 불신, 자녀나 일에 대한 지나친 몰입, 대화의 단절 등은 사랑의 수레바퀴를 멈추는 원인이 될 수 있다.

13

유사점과 차이점,
동질혼과 이질혼

~~~

배우자의 성격이나 기질, 호불호가 나와 똑같을 수는 없다.

"인간은 유사점을 바탕으로 관계를 형성하고, 차이점을 바탕으로 성장한다"는 말이 있다. 사랑은 흔히 유사점에서 출발하지만 사랑을 성숙시키는 것은 차이점이다. 우리가 누군가에게 친밀감을 느낄 때는 무엇인가 통한다는 뜻이며 대부분 비슷한 면을 발견할 때 서로 통한다고 생각한다. 사회적 배경이나 문화적 바탕이 비슷할 경우 서로를 잘 이해할 수 있기 때문에 남녀가 만나는 시작점에서는 동질성이 많을수록 쉽게 호감을 느낀다. 예를 들어 같은 취미를 가졌다든가, 같은 종교를 가지면 서로 대화를 시작하기가 훨씬 쉽지 않은가.

그래서 배우자 선택의 기본은 동질성이론Homogamy theory이다. 동질성이론은 연령, 교육 수준, 지능, 사회적 지위, 인종, 흥미와 태도, 가치관 등의 유사성이 배우자 선택의 조건으로 작용한다는 이론이다. 사람들은 서로 비슷할수록 이해하기 쉽고, 비슷한 사람들이 만나면 부부 적응도 원만하다. 연령이나 학력, 사회 경제적 지위 등이 너무 차이가 나면 갈등의 소지도 많아지는 것이 사실이다.

그러나 너무 비슷해서 거의 동일한 수준이 되면 유전자 혁명 같은 것은 일어날 수가 없다. 나아가 근친혼에 나타나는 우생학적 문제처럼 동질적인 부분들이 가지는 약점이 극대화되어 나타날 수 있다. 예를 들어 말하기 싫어하는 두 사람의 만남은 서로를 편하게 해 준다. 그러나 그렇게 살다 보면 대화 능력은 점점 퇴화된다. 두 사람 사이에는 문제가 없겠지만 외부 세계와의 소통에 문제가 발생한다. 그 문제점이 역으로 부부 관계를 위협할 수 있다. 인간관계는 유기적으로 이루어지기 때문에 부부뿐 아니라 부모 자녀, 친인척, 이웃과의 관계 등이 원활하게 돌아가야 건강한 삶을 살 수 있다.

이렇듯 이질적인 요인들을 포괄하며 살아가야 하는 것이 결혼 생활이므로 이질성에 대한 적응, 다시 말해 서로 다른 것들에 대한 이해는 결혼 생활 과정에 꼭 필요하다.

그래서일까. 조물주는 젊은이들에게 모험심을 심어주었다. 자기와 다른 그 어떤 것에 대한 호기심, 그것을 탐구하고 싶은 욕구는 젊음의 특징이다. 이러한 모험심은 자기성장 욕구의 다른 얼굴이리라. 서로 다른 문화가 만나 충돌하면서 발전하는 것이 인류문명의 발전사인 것처럼, 사람과 사람의 만남도 비슷하다.

유사성에 편안함을 느끼면서도 무언가 이질적인 것을 찾는 젊음의 특성이 이질혼Heterogamy을 통해 인류를 발전시켜온 것은 아닐까. 그들은 실연과 좌절을 통해 사랑을 배운다. 매력을 느끼지만 이해하기 어려운 상대를 만날 때 사랑은 대부분 실패로 끝난다. 그러나 난관을 뚫고 결혼하는 용감한 사람들도 있다. 국제결혼은 이질혼의 대표적인 경우다. 언어가 다르고 문화가 다른 두 사람이 서로 사랑하며 살 수 있다는 것은 위대한 인간 승리다.

이질혼에서 성공이냐 실패냐의 관건은 서로 다른 점을 성장 의지로 극복하는 능력에 달려 있다. 다른 만큼 성장하는 게 결혼이다. 안전하기는 동질혼이 더 낫다. 그러나 밋밋한 결혼 생활이 이어지며 성장을 자극하는 요소가 적다. 이질혼은 매력적이지만 힘들다. 이질혼이 좋은가, 동질혼이 좋은가에 대해서는 단정적으로 답을 내리기가 어렵다. 학자들은 연령, 학력, 종교, 경제적 수준 같은 사회적 특징과 가치관은 동질적인 것이 좋고 성격이나 욕구는 이질적이어서 서로 보완하면 좋다고 말한다.

성격이나 욕구가 너무 비슷하면 공동생활에서 서로 부딪치기 쉽다. 한사람이 성질이 급하면 다른 사람은 좀 느긋해야 서로 조화를 이루지 않겠는가. 또한 한 사람이 욕심이 많다면 다른 사람은 양보할 줄 알아야 서로 부딪치지 않고 사이좋게 살 수 있다. 그렇게 보면 결혼 생활에는 동질적인 요소와 이질적인 요소가 모두 필요하다고 볼 수 있다.

배우자와 이질적인 부분이 많아 결혼 생활이 힘들다면 훌륭한 인격자가 될 수 있을 것이고, 동질적인 부분이 많아 단조롭다면 아마도 편안한 결혼 생활을 할 수 있을 것이다.

그러나 아무리 서로 동질적인 부부가 만났다고 해도, 내가 둘일 수 없듯이 배우자의 성격이나 기질, 호불호가 나와 똑같을 수는 없다. 생활의 밀도가 더해지면서 이질적인 부분이 기하급수적으로 발견되는 것이 결혼 생활이므로 결국은 동질적인 부분보다는 이질적인 부분의 적응이 결혼 생활의 핵심이 되면서 부부는 함께 성장하게 된다.

이질혼이 좋은가, 동질혼이 좋은가에 대해서는 단정적으로 답을 내리기가 어렵다. 학자들은 연령, 학력, 종교, 경제적 수준 같은 사회적 특징과 가치관은 동질적인 것이 좋고 성격이나 욕구는 이질적이어서 서로 보완하면 좋다고 말한다.

14

평생을 함께 할
파트너

꩜

사람은 고쳐가면서 살면 된다는 생각은
참으로 위험한 발상이다.

배우자 선택에서 중요한 것은 조건이 아니라 과정이다. 이 말은
너무나 이상적으로 들릴지도 모르겠다. 그러나 사실이다. 사람들은
배우자 선택의 조건을 중요하게 여기지만 실제로 결혼 생활의 성패
를 좌우하는 것은 배우자 선택의 조건이 아니라 과정의 특징들이다.
조건은 대체로 결혼 당시의 여러 가지 상황에 의해 어느 정도 고정
되어 있다. 조건에 대해 말하자면 원칙적으로 자신이 가진 조건(사회
경제적 상황)들을 인정하고 그에 맞는 상대를 고르는 것이 성숙한 태

도이다.

그러나 결혼을 투자 개념으로, 나아가 투기 개념으로까지 간주하다 보니까 자신이 가진 조건들을 가지고 하는 일종의 배팅으로 생각하는 사람도 있다. 최소의 자본으로 최대의 이익을 창출하려는 자본주의 개념을 적용하는 것이다. 자본주의 사회이니 그렇게 생각할 만도 하다. 그러나 이익이란 무엇일까. 돈이 지배하는 자본주의 사회에서 이익이란 곧 돈을 의미하겠지만 결혼 관계에서 이익이란 다른 차원을 의미한다. 결혼을 하는 목적은 안정되고 성숙한 관계를 통해 상호 성장하는 데에 있기 때문이다.

결혼의 목적을 남녀의 인격적 결합을 통한 상호 성숙이라고 볼 때 결혼은 이인삼각의 게임처럼 서로 비슷한 출발선에서 시작해야 한다. 조건상의 차이가 너무 많아서 출발점의 차이가 많다 보면 서로 협력하여 길을 가야 하는 이인삼각 게임에서는 애로가 많다. 그러므로 결혼을 할 때 투자나 투기 개념보다는 동업자 혹은 협력자를 구하는 파트너십으로 생각하는 것이 배우자 선택에 대한 올바른 관점이다.

평생을 협력하며 살아가야 할 파트너를 구한다고 생각할 때 물론 그가 가진 조건이나 매력 요인들도 중요하지만 그보다는 상대가 가진 가치관이나 도덕성, 책임의식 같은 것이 더 중요하지 않을까. 정말로 일생을 함께 해도 좋을 사람을 구하기 위해서는 조건보다는 배우자 선택 과정의 도덕성 확보와 신중성이 중요하다. 실제로 조건은 시간이 지나면서 변화시킬 수 있지만 인격의 근본적인 요소들은 변화시키기가 어렵기 때문이다.

요즘 여자들은 재미있고 이벤트를 잘하는 남자를 좋아하고, 남자들은 무조건 예쁜 여자를 좋아한다. 하지만 배우자 선택에서 이런 부분들은 인격의 근본적인 측면을 나타내는 것이 아니고 배우자 선택의 초기 단계에서 중요시되는 초기 매력 요인에 불과하다. 결혼이란 긴 항해를 함께 하면서 지속적으로 감동받을 수 있는 진정한 매력은 그 사람의 인격에서 풍겨 나오는 향기이다.

한 사람이 가진 인성은 나이를 더해가면서 성숙하고 발달하긴 하지만 인성의 근본요소들은 대체로 변하지 않는다고 한다. 그러나 조건이나 매력 요인들은 나이가 들어가면서 변화한다. 배우자가 가진 사회적, 경제적 조건들은 시간이 지나면서 변할 수 있고, 매력 요인 또한 시간이 지남에 따라 달라진다. 이벤트 잘하는 유머러스한 남자가 젊은 날에는 매력적일 수 있지만 나이가 들면 이벤트보다는 진정성 있고 책임 있는 태도에 더 큰 매력을 느낄 수 도 있다. 또한 젊은 나이에는 늘씬한 체격에 예쁜 용모를 가진 여자가 매력적일 수 있지만, 나이가 들면 자기 외모만 가꾸는 이기적인 여자보다는 다른 사람을 헌신적으로 돌보는 수수한 여자의 모습에 더 끌릴 수도 있다.

그런데도 사람들은 거꾸로 생각한다. 조건이나 매력 요인들은 변화시키기 힘들지만 사람은 고쳐가면서 살면 된다고 생각하는 것이다. 부부 상담을 하는 입장에서 보면 그러한 생각은 참으로 순진한 생각이고 어리석고 위험한 발상이기도 하다. "돌다리도 두드려보고 건너라"든가 "열 길 물속은 알아도 한 길 사람 속은 모른다" 는 속담들이 배우자 선택 과정에 대해 시사하는 바가 크다. 정말 좋은 배우자를 만나고 싶다면 금세 눈에 띄는 조건이나 매력 요인보다는 오랜 시간을 두고 신중하게 살펴봐야 알 수 있는 기본 인성을 제대로 파악해야 한다. 선택의 유효기간이 평생이고 그 영향이 자손에게까지 이어지는 배우자 선택 과정에서 도덕성 확보와 신중성이 중요한 이유이다.

요즘 여자들은 재미있고 이벤트를 잘하는 남자를 좋아하고, 남자들은 무조건 예쁜 여자를 좋아한다. 하지만 배우자 선택에서 이런 부분들은 인격의 근본적인 측면을 나타내는 것이 아니고 배우자 선택의 초기 단계에서 중요시되는 초기 매력 요인에 불과하다. 결혼이란 긴 항해를 함께 하면서 지속적으로 감동받을 수 있는 진정한 매력은 그 사람의 인격에서 풍겨 나오는 향기이다.

15

여섯 개의
여과망

배우자 선택 과정에는 여섯 개의 여과망이 작동한다.

배우자 선택 과정인 연애 과정은 단순한 과정이 아니다. 연애 과
정을 통해 상대방의 인격을 파악하고, 자신과 함께 살아갈 수 있는
가능성을 점검하게 된다. 연애 과정을 설명하는 이론으로 여과망이
론이 있다. 마치 여과지를 통해 불순물을 거르고 최종 산물을 얻듯
이 사람들을 걸러서 최종적으로 한 사람의 배우자를 선택하는 과정
을 설명한 이론이다. 여과망이론에는 여섯 개의 여과망이 단계별로
등장한다.

첫 번째 단계의 여과망은 '근접성'의 여과망이다. 가까이에 있어 만날 가능성이 있는 사람들이 일단 결혼 상대 후보가 될 수 있다. 너무 멀리 있어 만날 기회가 없다면 서로 사랑에 빠질 가능성도 적다. 교통수단의 발달과 함께 인터넷의 발달로 멀리 있는 사람도 때로 사랑과 결혼의 대상이 될 수 있지만 가까이에 있어 자주 만날 수 있는 사람과의 결혼이 확률상 더 많이 이루어진다고 한다.

두 번째 여과망은 '매력'이다. 매력이라는 여과망을 통해서 가까이에 있어 결혼 상대 후보가 된 사람들을 선별한다. 이 두 번째 여과망을 통해 매력 있는 사람은 남고 매력 없는 사람은 제외된다. 매력이란 말은 정의하기가 쉽지 않지만 쉽게 말하면 끌린다는 뜻이다. 이런 이끌림으로 다수의 결혼 가능한 사람들 중에서 배우자를 선별해야 하는 것이다.

여과망이론의 두 번째 여과망인 매력은 여섯 개의 여과망이 작동하는 배우자 선택 과정 전체에서 볼 때 초기 단계의 여과망으로 쉽게 말하면 입사시 면접 과정을 거치기 전에 통과해야 하는 1차 서류전형 같은 특성을 지녔다. 아무리 좋은 사람이라도 서류전형에서 떨어진 후에는 자신의 능력을 증명할 길이 없다. 그러니 초기 단계에서 자신의 매력을 효과적으로 표현할 수 있는 능력과 동시에 사람들의 매력을 다양하게 평가할 수 있는 능력을 갖추는 것이 중요하다.

따라서 정말로 좋은 사람을 걸러낼 수 있도록 결혼 생활에 필요한 매력 요인들을 중심으로 선택해야 한다. 한마디로 말하면 인성이나 자질 등 인간적 면모를 중심으로 매력의 여과망을 사용하는 것이 필요하다는 이야기다.

젊은이의 특성상, 이 단계에서 외모 등 신체적 매력에 집중하는 경향이 있는데 물론 신체적 매력도 중요하겠지만 그보다는 인격적인 매력을 평가할 수 있는 능력을 갖추어야 좋은 배우자를 선택할 수 있다.

세 번째 여과망은 '사회적 배경'이라는 여과망이다. 두 번째 여과망까지 통과한 상태라고 해도 사회적 배경의 차이가 크면 결혼까지 이르기가 힘들다. 대체로 연령, 종교, 학력, 직업, 사회계층 등 사회적 배경이 비슷한 경우 다음 단계로 이어진다. 사회적 배경이 너무 다른 경우 상호 이해나 상호 적응이 어려운 경우가 많기 때문이다.

세 번째 여과망이 소위 말하는 조건에 관련된 여과망인데 서로가 가진 조건이 걸맞아야 결혼으로 이어지기가 쉽다. 조건의 차이가 클 경우에는 주변의 반대 등에 부딪치기도 하고, 한쪽이 손해 본다는 느낌을 강하게 받으면서 관계가 소원해지기도 한다. 세 번째 여과망까지 통과하면 본격적인 교제가 시작된다고 볼 수 있다.

네 번째 여과망은 '가치관'의 일치 여부로, 앞서 세 단계의 여과망이 근접성, 매력, 사회적 조건 등으로 외부적 기준이었다면 네번째 단계부터는 내면적인 탐색이 시작된다.

가치관이란 피상적인 만남을 통해 파악할 수 있는 부분은 아니다. 어느 정도 심도 있는 만남과 교제를 통해서 가치관에 대한 점검이 이루어지게 된다. 바람직하기는 삶이나 가족, 직업 등에 대한 가치관이 일치하는 것이 결혼 생활 적응에 도움이 된다.

그러나 여러 가지 차원에서의 가치관이 일치하기는 쉽지 않다. 그러므로 두 사람의 가치관이 일치하지는 않더라도 가치관이 서로 양립할 수 있어야 공동생활을 해나갈 수 있다. 예를 들어 여자는 결혼 후에도 직장을 다녀야 한다는 가치관을 가지고 있는데 남자는 결혼하면 여자는 살림을 해야 한다고 생각한다든가, 반대로 여자는 결혼하면 직장을 그만두고 전업주부로 살고 싶은데 남자는 맞벌이 하기를 원한다면 서로의 가치관을 양립시키는 것은 불가능하다.

두 사람이 가진 가치체계는 결혼 생활의 중요한 뼈대를 이루기 때문에 충분한 교제 기간을 가지고 상대방의 가치체계를 알아보고 상대방이 가진 가치관이 자신이 가진 가치관과 양립 가능하여 실생활에서 좋은 파트너가 될 수 있는지를 신중히 판단, 검토해야 한다.

다섯 번째 여과망은 '상호보완성'의 여과망이다. 상호보완성이란 성격이나 욕구에서의 상호보완성을 말한다. 배우자가 서로의 성격이나 욕구를 자발적으로 보완함으로써 결과적으로 두 사람의 관계에 도움을 주게 된다. 상호보완성을 사랑의 다른 이름이라고 이야기하기도 한다. 그 이유는 상대방의 성격에 자신의 성격을 맞추어가고 자신의 욕구를 다소 희생하더라도 상대방의 욕구를 충족해주려고 노력하게 하는 동인이 바로 사랑이기 때문이다.

아마도 네 번째 여과망까지 잘 거쳐오면서 두 사람 사이에 사랑이라는 감정이 생기고, 그 사랑의 힘으로 상호보완적인 성격이나 욕구를 가지게 되는 것이리라. 두 사람이 함께 네 번째 여과망까지 거쳐오는 과정에서 상대방을 알고 이해하고 사랑하게 되므로 상대방에게 유익한 행동을 자발적으로 하게 되는 것이다.

상대방이 성취 지향적인 사람이면 사랑의 힘으로 그 성취를 도와주게 되고 상대방이 안정의 욕구를 가진 사람이면 사랑의 한 형태로써 안정감을 주는 것이다. 따라서 상호보완성은 서로에 대한 사랑의 결과라고 볼 수도 있다.

마지막 여섯 번째 여과망은 '결혼 준비 상태'이다. 모든 과정을 다 거치더라도 결혼 준비가 되어 있어야 결혼에 이를 수 있다. 많은 사람들이 첫사랑에 실패하는 이유가 바로 경제적으로나 사회적, 정서적으로 결혼 준비가 되어 있지 않기 때문이 아닐까.

배우자 선택은 긴 과정이다. 장기적으로 책임져야 할 선택이므로 선택 과정의 신중성은 아무리 강조해도 지나치지 않다. 낭만이나 젊음이라는 이름으로 섣불리 해서는 안 되는 매우 이성적이고, 진실되어야 하며 투명한 도덕성을 가져야 할 과정이다.

훌륭한 예술품을 만들려면 긴 시간의 노력과 작업이 필요하듯이 행복한 결혼 생활을 원한다면 긴 시간과 노력을 배우자 선택 과정에 투자해야 한다. 인스턴트 시대에 완제품을 고르듯이 이루어지는 배우자 선택은 행복한 결혼 생활을 보장해주지 못한다.

여러 가지 차원에서의 가치관이 일치하기는 쉽지 않다. 그러므로 두 사람의 가치관이 일치하지는 않더라도 가치관이 서로 양립할 수 있어야 공동생활을 해나갈 수 있다. 예를 들어 여자는 결혼 후에도 직장을 다녀야 한다는 가치관을 가지고 있는데 남자는 결혼하면 여자는 살림을 해야 한다고 생각한다든가, 반대로 여자는 결혼하면 직장을 그만두고 전업 주부로 살고 싶은데 남자는 맞벌이 하기를 원한다면 서로의 가치관을 양립시키는 것은 불가능하다.

두 사람이 가진 가치체계는 결혼 생활의 중요한 뼈대를 이루기 때문에 충분한 교제 기간을 가지고 상대방의 가치체계를 알아보고 상대방이 가진 가치관이 자신이 가진 가치관과 양립 가능하여 실생활에서 좋은 파트너가 될 수 있는지를 신중히 판단, 검토해야 한다.

16

핀꽂기와
낯설게 하기

결정적 교제 단계에 꼭 필요한 냉정함

이성 교제의 단계 중 마지막 단계인 결정적 교제를 핀꽂기pinnig라고도 한다. 보다 쉽게 말하면 점을 찍어 찜을 한다는 뜻이다. 이성을 만나서 교제하다가 '이 사람이다'라고 판단을 내리고 결혼을 결심하는 단계이다. 이 단계에서 여과망이론의 마지막 단계인 '결혼 준비 상태'라는 여과망을 통과할 수 있는 여건이 되어 있으면 결혼은 일사천리로 진행된다. 아쉽게도 결혼 준비가 되어 있지 않으면 마지막 여과망을 통과하기 위해 사랑하는 두 남녀는 인내심을 가지고 기다려야 한다. 그러다가 서로 지치면 헤어지기도 하겠지만, 마지막 여과망을 통과하기 위해 기다리는 그 시간이 미래의 부부들에게는 매우 필요한 시간이다.

우리네 삶은 모든 것이 갖추어진 상태에서보다는 대체로 무언가 부족한 가운데서 살아가는 경우가 더 많아서 결혼 생활에도 결핍과 불편을 견디는 힘이 필요하다. 일종의 자생력이라고나 할까. 온실 속에 핀 화초보다는 들판에서 피는 야생화가 더 질긴 생명력을 가진다. 모든 여건이 갖추어진 상태에서 별다른 고민 없이 결혼에 진입하기보다는 어려운 여건을 이기고 참아가며 이루어가는 결혼이 더 질긴 생명력을 가질 것이다.

그러니 서로 사랑하지만 결혼할 여건이 안 되어 고민하는 젊은이들이 있다면 부부가 앞으로 살아갈 힘을 기르는 중이라고 생각하고 인내하며 기다리기를 바란다. 한편 모든 여건이 무르익어 결혼에 무난히 진입할 수 있는 상황의 사람들도 결혼하기 전에 다시 한 번 결혼에 대해, 그리고 상대 배우자에 대해 진지한 검토를 해보기를 바란다.

문학용어에 '낯설게 하기'란 것이 있다. 익숙한 사물을 낯설게 다시 봄으로써 미처 발견하지 못한 사물의 다른 측면들을 새롭게 발견하는 방법이다. 배우자 선택에서도 아주 익숙해진 연인이라면 결혼 전, 한 번쯤 낯설게 하기를 하면서 자신들이 이루어나가야 할 사랑과 결혼 생활, 그리고 상대방에 대해 새로운 시각으로 바라보는 것도 좋지 않을까. 낯설게 하기의 궁극적인 목적은 본래의 모습을 찾는 것이다. 혹시 사랑에 눈이 멀어서 미처 볼 수 없었던 상대방의 본질적인 모습을 낯설게 하기를 통해 발견하는 시간은 꼭 필요하다. 때로는 실망을 할 수도 있으리라. 그러나 어차피 우리 자신을 포함해서 모든 사람은 때로는 실망시키고 배신감을 느끼게 하기도 하는 존재가 아니던가.

낯설게 하기를 통해 인간관계의 본질에 더 가까이 접근해보면서 결혼이라는 공동생활에 들어가기 전에 마음을 가다듬어볼 필요가 있다. 결혼이라는 긴 항해를 낭만적 사랑에 빠져서 흥분과 설렘으로 정신없이 시작하기보다는 가야 할 방향과 속도, 그리고 함께 해야 할 사람에 대한 보다 객관적 인식을 가지고 차가운 이성으로 냉정하게 준비해보는 시간이 이후의 항해에 큰 도움이 될 것이다.

문학용어에 '낯설게 하기'란 것이 있다. 익숙한 사물을 낯설게 다시 봄으로써 미처 발견하지 못한 사물의 다른 측면들을 새롭게 발견하는 방법이다. 낯설게 하기를 통해 인간관계의 본질에 더 가까이 접근해보면서 결혼이라는 공동생활에 들어가기 전에 마음을 가다듬어볼 필요가 있다.

17

결혼식 문화에 대한
제언

새로운 결혼식 문화를 만들어나가자.

남녀가 만나 사랑을 하고 결혼을 결심한 이후에는 또 다른 어려움이 기다리고 있다. 바로 결혼 준비 과정에서의 스트레스이다. 일단 두 사람이 만나 사랑을 확인하고 결혼을 결심하게 되면 이후의 결혼식 과정에 양가가 관여하게 된다. 상견례를 하고 구체적인 결혼 절차를 의논하는 것이다.

결혼식을 어디서 할 것인지, 결혼식의 절차는 어떻게 할 것인지, 결혼해서 살 집은 어디에 마련하고, 예물이나 혼수는 어떻게 준비할 것인지 등에 대한 현실적인 조율이 시작된다. 두 사람이 만나 사랑을 나누고 결혼을 결심하는 과정까지도 만만치 않은데 이후에 펼쳐질 결혼 준비 과정도 어렵기는 매 한가지이다.

결혼 준비 과정에는 결혼 당사자인 두 사람뿐 아니라 양가의 부모들이 관여하기 때문에 관계의 역학이 복잡해져서 심지어는 결혼 준비 과정의 갈등 때문에 결혼이 깨지기도 한다.

우리나라의 결혼식 문화는 전통 혼례의 영향과 급격한 산업화로 인한 사회적 변화가 맞물리면서 중심을 잡지 못하고 표류하고 있다. 거기에 더하여 지역이나 계층에 따른 결혼문화의 차이까지 있다 보니 막상 결혼을 하려면 무엇을 어떻게 해야 하는지 양가 사이에 조율이 어려울 때가 많다. 때로는 주변 사람들이 "이렇게 해라 저렇게 해라" 하면서 결혼식 과정에 관여하기도 하고, 결혼식 관련 전문 업체들의 상업적인 전략에 이끌려 결혼식을 진행하기도 한다.

그런 식으로 이리저리 끌려 다니다 보면 이솝우화의 끌려가는 당나귀 신세가 되어 때로는 아들을 태우고 가다가 사람들에게 욕을 먹고, 아들을 걸리고 아버지가 당나귀를 타고 가다가 주변 사람들에 비난을 받게 된다. 그래서 결국 당나귀를 어깨에 짊어지고 가다 물에 빠뜨리는 지경에 이르게 된다.

이솝우화에 나오는 당나귀 신세가 안 되려면 결혼의 주체가 누구인가에 대한 명확한 인식이 있어야 하는데, 요즘 결혼식 풍토를 보면 주체가 누구인지가 불분명하다. 결혼의 선택은 당사자들이 하고 결혼 과정의 경제적 부담은 부모님들이 나누어 지는 절충적인 형태가 많아서 결혼의 주체가 부부이기도 하고 부모님이기도 한 어정쩡한 상황이다.

그러다 보니 결혼 과정에 경제적 지원을 많이 하는 부모님들의 발언권이 강해진다. 여기에 남녀평등 사상이 가미되어 양가의 결혼 비용 부담이 공평하게 이루어져야 된다는 생각이 확산되면서 결혼 과정에서 양가의 갈등이 심각해지기도 한다.

한편 결혼의 당사자라고 할 수 있는 신랑과 신부는 배우자를 선택하는 권리는 본인이 행사하려 한다. 하지만 부모님에게서 가급적 많은 경제적 지원을 받아 결혼 생활을 보다 풍요롭게 시작하고 싶어 하는 마음이 강해서 자신들 스스로 결혼식의 주체가 되어야 한다는 의지가 약하다. 결국 배우자 선택은 현대식으로 당사자들이 하고, 실제 결혼 과정이나 결혼 생활은 경제적 지원을 하는 부모님의 영향 아래에 놓이게 되는 이중구조 속에서 결혼 생활을 시작하게 된다.

전통 혼례에서는 결혼의 주체가 당사자가 아닌 집안이었고. 결혼은 개인과 개인이 맺어지는 게 아니라 집안과 집안이 맺어지는 절차였다. 따라서 전통 혼례에서 결혼의 주체는 부모님을 포함한 친족집단이다.

그런데 현대 우리나라 결혼식은 주체가 당사자이기도 하고 부모님이기도 한 이중구조 속에서 이루어진다. 웨딩드레스를 입고 결혼식을 한 후, 전통 한복으로 갈아입고 폐백을 드리는 결혼식 절차는 이러한 이중구조를 극명하게 대변해준다.

이러한 이중구조 속에서 이루어지는 결혼 과정에 갈등이 많은 것은 당연하다. 신랑 신부는 결혼 과정에 대한 양가의 관여를 당연하게 여기고 감수하는 대신 경제적 혜택을 누리고, 부모님 세대는 경제적 지원을 해주는 대신 전통 사회에서처럼 자녀의 결혼 생활에 관여할 명분을 쌓는 것이다.

현대의 결혼 문화가 복잡해지고 돈이 많이 드는 것은 이러한 이중구조에 편승한 상업주의의 영향도 무시할 수 없다. 웨딩업체는 호황을 누리며 결혼식 과정에 갖가지 기발한 아이디어를 가미하면서 상업적 이득을 누린다. 자신들의 결혼식이 누구보다도 화려하고 아름답기를 바라는 신랑 신부들은 아낌없이 돈을 쏟아부으며 결혼식을 준비한다.

그러니까 엄격히 말하면 오늘날 우리나라 결혼식은 신랑과 신부, 양가 부모, 그리고 결혼문화를 주도하는 웨딩산업의 세 주체가 각기 나름으로 결혼에 관여하고 있는 것이다. 이 세 주체가 각기 자기의 입장을 살리느라 결혼식이 복잡해지는 것이다. 우리나라의 결혼식 문화는 본질을 잃어버렸다. 앞으로 결혼식은 지금보다 간소화하는 방향으로 변화해야 한다.

가족학 학자들은 날로 복잡해지고 돈이 많이 드는 결혼식 문화를 우리나라가 원래부터 가지고 있던 민간 신앙적인 요소와 현대의 상업주의가 합쳐진 결과로 보고 있다. 과거 전통 사회에서는 남녀의 만남이 자유롭지 못해 충분한 교제 기간을 가지고 서로를 탐색할 기회가 없었다. 그런 이유로 중매를 통해 집안의 결정으로 결혼할 수밖에 없는 부부가 서로 잘 적응하며 행복하기를 바라는 마음에서 혼인의례에 점을 치고 복을 비는 행위와 주술적인 행위, 무속 등이 반영되었던 것이다.

전통 혼례에서는 중매인을 통해 혼담이 오고 간 후, 양가가 혼인을 하기로 결정하면 신랑 집에서 신부 집에 사주를 보내 청혼을 하게 되는데 이때 청혼서請婚書를 함께 보내기도 했다. 이에 답하여 신부 집에서는 택일을 하여 허혼서許婚書와 함께 신랑 집에 보냈다. 신랑의 사주와 신부의 사주를 가지고 길흉을 점치고 궁합을 보기도 했으며 궁합이 혼인 성립의 결정적인 역할을 하는 경우도 있어 궁합이 나쁘면 양가가 혼인을 하지 않는 것을 당연하게 여기기도 했다.

전통 혼례에서 사주를 보내고 택일을 하는 과정은 현대 결혼 과정에 비추어보면 약혼의 단계이므로 충분한 교제 기간을 가지고 서로를 파악한 후에, 결혼을 결심한 젊은이들이라면 사주 보내기와 택일의 과정은 현대적 의미의 약혼 예식으로 대치해도 좋을 것이다. 개인의 신앙에 따라 사주나 궁합을 중요시 여기는 경우도 있겠지만 사주와 궁합을 통해 결혼 생활의 길흉을 점치기보다는 보다 과학적으로 행복한 결혼을 위해 노력하는 자세가 더 중요하다고 생각한다.

젊은이들은 서양문화의 영향을 받아 프러포즈를 위한 이벤트에 열을 올리고, 부모 세대에서는 전통 양식으로 사주를 보내고 택일을 하는 이중적 결혼문화는 경제적으로나 사회적으로 낭비이다. 요즘 젊은이들은 충분한 교제 기간을 가지고 사랑을 확인한 후에 결혼할 수 있는데도 불구하고, 무언가 불안한 마음에 전통 사회에서 이루어지던 기복적 행위들을 추가해서 하게 된다. 그리고 이러한 불안한 마음속으로 상업주의가 파고들면서 결혼문화가 복잡하고 까다로운 고비용 절차로 진행되어간다.

따라서 나는 본질 없는 형식이 결혼식 문화를 지배하고 있다고 생각한다. 예를 들어 폐백은 오래된 전통에서 유래하는 것으로, 우리나라는 원래 신랑이 처가에 가서 결혼식을 하고, 수년간 처가에 살다가 처자식을 데리고 본가로 돌아오는 서류부가혼婿留婦家婚(고구려에서 시행되었던 혼인 풍속. 신랑이 신부 집에서 결혼식을 올린 후, 서옥을 짓고 상당 기간 처가에 거주하다가 본가로 돌아오던 결혼 풍속으로 조선 초기까지 이어졌다)의 전통을 가지고 있었다.

그 결과로 신부가 상당 기간 자신의 친정에 거주하다가 시가로 오게 되었고, 조선조 후기로 오면서 사위가 처가에 머무는 시간이 줄어들다가 삼일신행三日 新行(신랑이 신부 집에 가서 결혼식을 올린 후 3일간

처가에 머물다가 신부를 데리고 본가로 돌아오는 일)으로 그 흔적이 남게 되었다. 하지만 여전히 결혼식은 신부 집에서 치렀기 때문에, 신부가 시댁으로 돌아올 때, 현구고례見舅姑禮(현구고례란 신부가 결혼을 한 후 시댁으로 돌아와 시부모님께 절을 올려 예를 갖추는 것)라고 하여 폐백을 드림으로써 신부가 시가 어른들께 인사를 드리는 과정이 혼례에 포함되어 있다.

오늘날은 서류부가혼의 풍속도 없고, 결혼식도 신부 집에서 하지 않고 결혼식장에서 한다. 결혼 전 양가를 드나들면서 충분히 양쪽 부모님을 뵙는데도 결혼식 당일에 폐백을 드린다. 더욱이 최근에는 남녀평등 시대인 점을 감안해서 양가 부모와 친척 모두에게 폐백을 드리도록 그 예식이 더 확장되었다.

이런 식으로 결혼 문화의 본질에 대한 이해는 하지 못한 채 좋다는 것은 다 하는 식으로 결혼식 절차가 확대 재생산되다 보니 결혼식도 더 복잡해지고, 결혼 비용도 더 많이 들게 된다. 결혼식 당일에 쓰는 돈을 좀 절약한다면 신혼부부가 부모님에게 경제적 도움을 훨씬 덜 받거나 안 받을 수도 있을 텐데, 참 안타까운 일이다.

결혼식 비용은 계속 늘어나고 과다한 결혼식 비용을 감당하느라 축의금에 의존하다 보면 결혼식에 초대하는 사람들의 범위가 지나치게 확대된다. 결혼을 축하하는 의미로 주고받는 축의금이 결국은 언젠가는 갚아야 할 빚으로 남게 되어 결혼식은 점점 더 본질과는 멀어진 예식이 된다. 막상 결혼식에 가보면 식장에 앉아 축하하는 마음으로 예식을 지켜보기보다는 혼주에게 눈도장을 찍고 접수대에 축의금을 내놓고는 식권을 받아 식당으로 향하는 사람들이 더 많은 경우도 있다. 동방예의지국東方禮儀之國이라는 말이 무색한 풍경이 아닐 수 없다.

이제 결혼식 준비 과정에서의 스트레스를 줄이고, 실제 신혼부부에게 도움을 줄 수 있으면서 결혼의 본질적 의미를 담는 새로운 결혼식 문화가 꼭 필요한 때이다. 신혼부부가 주체가 되면서도, 부모님을 존중하고, 결혼의 본질적인 측면을 나타내는 예식을 중심으로 상업주의에 휘둘리지 않는 바람직한 결혼 문화를 이루어가는 것이 중요하다. 그러면 결혼 과정에서의 스트레스도 줄이고, 불필요한 비용 지출을 절약하여 새 출발하는 젊은 부부에게 도움이 되며, 부모님에게도 과중한 부담을 주지 않는 건전한 결혼문화가 정착될 수 있을 것이다.

더불어 강조하고 싶은 것은 결혼식은 시작에 불과하다는 것이다. 우리나라는 전통적으로 아기를 낳았을 때 즉시 잔치를 하지 않고 금줄을 친다. 백일이 되어서야 비로소 잔치를 하는데 결혼식도 신혼부부가 탄생하는 예식이니 너무 요란스럽게 하지 않는 게 바람직하다. 결혼식을 요란하게 치르는 것은 마치 아이를 낳자마자 온 동네 사람들을 모아놓고 잔치를 하는 것과 같다.

결혼의 시작은 가급적 그 본질적 의미를 살리면서 소박하게 하고, 살면서 더욱 내실 있는 삶을 주변 사람들과 나누는 자리를 자주 마련하는 것이 더 좋지 않을까?

결혼 문화의 본질에 대한 이해는 하지 못한 채 좋다는 것은 다 하는 식으로 결혼식 절차가 확대 재생산되다 보니 결혼식도 더 복잡해지고, 결혼 비용도 더 많이 들게 된다. 결혼식 당일에 쓰는 돈을 좀 절약한다면 신혼부부가 부모님에게 경제적 도움을 훨씬 덜 받거나 안 받을 수도 있을 텐데, 참 안타까운 일이다.

결혼식 비용은 계속 늘어나고, 과다한 결혼식 비용을 감당하느라 축의금에 의존하다 보면 결혼식에 초대하는 사람들의 범위가 지나치게 확대된다. 결혼을 축하하는 의미로 주고받는 축의금이 결국은 언젠가는 갚아야 할 빚으로 남게 되어 결혼식은 점점 더 본질과는 멀어진 예식이 된다.

3

결혼 생활의 핵심 기술 I
: 사랑하기

사랑의 기술은 표현의 기술이다.
사랑하는 마음을 가졌다고 하더라도
표현하지 못하면 사랑은 소통하고 성장하지 못한다.
부부간 원활한 사랑의 소통과 성장을 위해
남녀의 사랑 표현 방식이 다름을 알아야 한다.
또한 사랑에는 빛과 그림자가 공존한다.
빛 속에 찬란하게 드러나는 사랑과
그림자 속에 숨어드는 미움, 실망, 배반감은
동전의 양면처럼 서로 붙어 있다.
사랑의 빛과 그림자를 모두 받아들이고
입체적으로 사랑하는 방법은
최소한의 벌주기와 사과, 용서,
그리고 솔직한 '나 − 전달'이다.

18

남자와 여자의
사랑방정식

남자는 인정받고 싶어하고 여자는 사랑받고 싶어한다.

존 그레이가 쓴 유명한 책《화성에서 온 남자, 금성에서 온 여자》
에는 남자와 여자의 심리적 차이가 재미있게 묘사되어 있다. 남자는
능력과 효율, 그리고 업적을 중시하는 반면 여자는 사랑과 대화와
친밀감을 중시한다고 한다. 따라서 어떤 문제가 생길 때 남자는 감
정에 빠지기보다는 해결책 찾기에 골몰하지만 여자는 감정적으로
대응하며 위로나 조언을 해주려고 한다.

갈등 상황에서 이러한 남녀의 반응 양식 차이는 갈등을 더욱 심

화시킬 수 있다. 왜냐하면 문제가 생길 때 남자는 수다를 떨기보다는 혼자서 해결책을 찾고 싶어 하고 여자는 해결책을 찾기 전에 먼저 대화를 통해 감정을 나누고자 하기 때문이다. 물론 이러한 남녀 차이가 모든 사람에게 동일하게 나타나는 것은 아니어서 존 그레이가 남녀 차이를 너무 도식적으로 다룬 것 같은 느낌도 있다. 하지만 부부 상담을 하면서 존 그레이의 남녀 차이를 이야기해주면 정말 자신들 이야기 같다며 재미있어 하는 경우를 많이 봤다.

특히 부부들이 깊이 공감하는 부분은 남자와 여자의 정서적 욕구 차이이다. 남자는 신뢰와 인정, 감사, 찬미, 찬성, 격려를 받고 싶어 하는 반면 여자는 관심과 이해, 존중, 헌신, 공감, 확신을 얻고 싶어 한다. 간단하게 말하면 여자는 사랑받고 싶은 욕구가 강하고 남자는 인정받고자 하는 욕구가 강하다고나 할까.

존 그레이에 의하면 남자는 생각을 정리한 후에 말을 하는 경향이 있고, 여자는 말을 하면서 생각을 정리한다. 따라서 아내에게 문제가 생겼을 때 남편은 해결책을 꼭 제시해야 할 필요는 없고 그냥 아내의 말을 들어주면 된다. 그런데 불행하게도 남편은 자신이 무슨 일이든 해결해주어야 한다는 의무감을 가지고 듣기 때문에 해결책 찾기에 집중하느라 아내의 말을 충분히 공감하며 이해해주지 못한다.

존 그레이의 이러한 주장에 고개가 끄덕여질 때가 많다. 실제로 이혼 위기에서 부부 상담을 위해 온 부인은 자신의 결혼 생활 애로

점을 다소 과장해서 표현하고는 하는데 남편은 그 말을 곧이곧대로 매우 심각하게 듣는다. 그래서 부인의 결혼 생활에 대한 어려움이 그 정도라면 자신은 결혼 생활을 포기할 수밖에 없다는 반응을 보인다. 상담자인 내가 보기에, 부인은 자신이 그렇게 어려운 상황에서 부부 상담도 받을 정도로 열심히 노력하고 있으니 자신의 어려움을 이해하고 공감해 달라는 메시지를 보내는 것이다. 그러나 남편 입장에서는 아내의 어려움을 해결해줄 능력이 없으면 여기서 끝내자는 압력으로 잘못 받아들여 아내의 애로점에 대해 공감해주기는커녕, 결혼 생활을 포기하고 이혼해주겠다고 힘없이 말한다. 그러면 부인은 눈물을 글썽이며 남편이 자신을 사랑한다면 저렇게 쉽게 이혼에 동의할 수는 없다며 서운해 하는 것이다.

상담실에서 부인이 이혼하겠다는 말을 할 때는 대부분 이혼할 만큼 힘들다는 것을 알아달라는 메시지인 경우가 많지만 남편은 이혼밖에는 길이 없다는 뜻으로 받아들이는 듯하다. 이러한 부부간 차이를 알려주고 부부간 의사소통에 오해가 없도록 이해시키면 많은 경우 부부가 합심해서 이혼 위기를 극복한다.

누군가에게 줄 선물을 고르다 보면 자신도 모르게 자기 취향대로 물건을 선택하려는 경향이 있다. 그러나 선물이란 자기가 주고 싶은 것을 줄 때보다 상대가 받고 싶은 것을 줄 때 더욱 의미가 있다. 선물하기가 어려운 이유는 상대방의 입장에서 그 사람이 기쁘게 받을 수 있는 것이 무엇일까를 고민해야 하기 때문이다.

마치 여우와 두루미의 우화에서처럼 자기중심적인 선물은 때로 상대를 곤혹스럽게 한다. 부부는 상호작용에서도 자기 취향을 고집하는 경향이 있다. 따라서 자신이 선물처럼 보낸 메시지를 상대는 어떻게 해석하는가에 관심을 기울일 필요가 있다. 자신이 보낸 메시지를 상대방이 잘못 해석하여 오해하지 않도록 하려면 상대방의 메시지 해석 체계를 이해해야 한다. 그런 의미에서 남녀의 심리적 반응 차이에 대한 지식을 가지는 것은 부부 적응에 도움이 된다.

부부는 남자와 여자라는 성별의 차이가 있고 자라 온 배경도 성격도 서로 다르므로 서로의 반응 차이에 대해 세심하게 관찰해야 한다. 자기중심적으로 행동하기보다는 상대방이 원하는 것이 무엇인지를 아는 것이 중요하다. 납작한 접시에 담긴 생선을 대접받은 두루미와 호리병에 든 생선을 대접받은 여우의 곤란한 상황이 부부 사이에 재현되고 있는 것은 아닌지 생각해볼 필요가 있다.

우리나라에는 부부간 의견 차이를 원천적으로 인정하지 않는 '부부 일심동체'라는 말이 있는데 나는 이것이 전통적 부부 규범 중 가장 강력한 독소 조항이라고 생각한다. 여자의 독립성이 인정되지 않던 가부장제 하에서 통용 가능했던 그 규범은 실제적으로는 부부 일심동체가 아니라 남편에 대한 부인의 일방적 복종을 의미한다. 그런데 이러한 부부 일심동체라는 말이 현대에 와서 낭만적 사랑의 모습으로 왜곡 포장되어 변신한 듯하다. 배우자가 자신과 똑같이 느끼고 생각하지 않을 때 "나를 사랑한다면 나와 똑같이 느끼고 생각해야 하는 것 아니냐"고 항변하는 어리석은 모습을, 특히 갓 결혼한 부부들에게서 많이 보기 때문이다.

부부는 서로 반대 성의 특징을 가지고 있으며 그에 따라 자라는 과정에서도 서로 다른 성역할 사회화 과정을 거쳤다. 거기에 더하여 원가족 경험의 차이와 개인 차이도 있다. 이러한 차이에 대한 이해가 없다면 결혼 생활을 원만하게 영위해나갈 수 없다. 저절로 되는 건 아무것도 없다. 부부 일심동체를 이루려면 부부간 다양한 차이에 대해 이해를 한 후에, 갈등 조절 기술을 충분히 습득하고 오랜 기간 함께 노력해야 한다. 그러다 먼 훗날 어느 때엔가 아주 잘 적응된 소수의 부부들만이 마치 득도처럼 도달할 수 있는 경지가 바로 부부 일심동체이다.

부부는 남자와 여자라는 성별의 차이가 있고 자라 온 배경도 성격도 서로 다르므로 서로의 반응 차이에 대해 세심하게 관찰해야 한다. 자기중심적으로 행동하기보다는 상대방이 원하는 것이 무엇인지를 아는 것이 중요하다. 납작한 접시에 담긴 생선을 대접받은 두루미와 호리병에 든 생선을 대접받은 여우의 곤란한 상황이 부부 사이에 재현되고 있는 것은 아닌지 생각해볼 필요가 있다.

19

사랑의
악순환 고리

과도한 벌주기는 배우자의 가슴에 분노를 남긴다.

사랑의 반대는 미움이라고 말하는 사람도 있고 무관심이라고 하는 사람도 있다. 사랑하는 마음이 제대로 전달되지 않으면 상대방이 미워지다가 급기야는 사랑하기를 포기하게 되면서 무관심으로 이어진다. 그렇게 미움에서 무관심으로 가는 과정에서 사랑하는 상대방에 대한 벌주기 현상이 나타난다. 사랑하는 사람이 자신의 마음을 몰라줄 때의 안타까움이 벌주기로 나타나는 것이다. 벌주기는 그래도 상대방에 대한 사랑의 마음을 포기하지는 않았다는 뜻이니 그나마 무관심보다는 희망이 있다고 할 수 있다. 그러나 가까운 관계에서 벌주기는 큰 상처를 줄 수 있기 때문에 벌주기보다는 '나-전달법'과 '솔직히 말하기'를 사용하여 자신의 어려움을 있는 그대로 전달하는 것이 좋다.

벌주기는 여러 가지 방식으로 나타나는데 예를 들면 상대방의 기대를 고의로 배반하거나 상대방이 싫어하는 행동을 일부러 하는 것 등이다. 부부 갈등이 있을 때 남편들은 아내가 밥을 제대로 차려주지 않아서 화가 난다는 말을 자주 하는데 이 말을 들은 아내들은 남편이 알미워서 밥을 차려주기 싫다고 응수한다. 남편들은 아내에게 화가 나면 일부러 술을 먹고 늦게 들어가서 아내의 속을 태우기도 한다. 남편이 미워서 밥을 안 차려주는 아내와, 아내가 야속해서 일부러 늦게 들어가는 남편은 사랑의 소통이 제대로 안 되어 서로를 벌주고 있는 것이다.

그러니까 벌주기는 위험한 행동이긴 하지만 사랑받고 싶은 마음을 역으로 강력하게 표현하고 있는 행동이므로 상대가 벌주기 행동을 할 때 그 행동 속에 들어 있는 진정한 동기를 파악해서 성숙하게 대처해야 한다. 그렇게 하지 못하고 상대의 벌주기 행동에 화가 나서 자신도 똑같이 상대방을 벌주는 행동을 하게 되면 벌주기 행동의 악순환이 일어나면서 관계는 걷잡을 수 없이 나빠진다.

벌주기 행동이 극단적으로 나타나는 경우도 많은데 소위 '홧김에'

가출을 한다든가, 바람을 피운다든가 심지어는 죽어버리기로 결정할 수도 있다. 어떤 아내는 남편이 미워서 그동안 부었던 적금통장을 당장 해약해서 여행을 가거나 필요도 없는 고가의 물건을 사들이기도 한다. 화풀이 비용 치고는 너무 과했다고 나중에야 느끼겠지만 그런 행동을 통해 아내가 보여주고자 하는 것은 남편이 자신을 사랑해주지 않으면 돈 같은 것은 모으지도 않을 뿐더러 함부로 다 써버리겠다는 으름장이다.

어디 그뿐인가. 홧김에 술을 마시다가 바람을 피우는 남편도 있다. 외도란 그것이 일회성이든 지속적이든 부부 사이에 치명적인 상처를 남긴다. 부부 상담 중에서 외도 상담이 어려운 것은 한번 훼손된 신뢰감은 회복되기 쉽지 않기 때문이다.

이렇듯 홧김에 한 행동은 위험한데도 사랑과 미움과 벌주기의 악순환 속에서 상대방의 마음속 깊이 새겨질 치명적인 상처에 대한 별다른 의식 없이 벌주기 행동이 이루어질 때가 있다. 상담자로서 안타까울 뿐이다. 벌주기 행동의 일환으로 자살 위협도 종종 나타나는데 배우자의 자살 위협에 어쩔 수 없이 굴복하고 배우자의 소망을 들어주는 경우에도 마음속에서는 무언가 당했다는 분노와 미움이 남아 있게 되어 부부 관계가 약화되기도 한다.

벌주기 행동이 과하게 이루어지다 보면 심각하게는 이혼 상황으로 치닫는 경우도 있다. 벌주기 행동이란 뒤집어 말하면 사랑을 갈구하는 행동인데 사랑을 올바른 방식으로 구하지 않고 상대방을 골탕 먹이고 괴롭히는 벌주기 행동으로 나타내는 과정에서 부부 관계가 심각하게 무너진다. 벌주기 행동을 통해 전달되는 메시지들은 사랑과 관심을 받고 싶다는 순수한 뜻으로 전달되기보다는 당하는 쪽에서는 강력한 위협으로 느낀다.

이런 악순환적인 벌주기 행동이 도를 넘어서 지속적으로 나타날 때는 결국 사랑 자체가 훼손되기도 한다. 소위 '홧김에'라고 하는 행동들이 극단적인 결과를 가져오기도 하기 때문이다. 특히 지배적인 성격을 가진 사람은 자신의 욕구를 조정하기보다는 상대를 압박해서라도 자신이 원하는 대로 상대의 행동을 조종하려고 들기 때문에 배우자를 괴롭히는 벌주기 행동을 쉽게 한다.

그런데 벌주기 행동에서 꼭 알아야 될 점은 벌을 받는 이유는 벌을 주는 상대를 사랑하기 때문이라는 것이다. 사랑하지 않는 사람이 자신의 기대를 배반하거나 고의로 괴롭히는 행동을 한다고 해도 별달리 상처를 받거나 영향을 받지 않는다. 사랑하고 사랑받아야 할 대상이 자신을 벌주는 행동을 할 때 그 대상을 사랑하는 만큼 벌을 받는 것이다.

여기에서 벌주기 행동에 대한 건강하지 못한 대처 방식이 나타나게 된다. 즉 벌을 받지 않으려면 상대를 사랑하지 않으면 되는 것이다. 예를 들어 보자. 남편이 미워서 아침밥을 안 차려주는 아내와 사는 남편이 있다고 하자. 아내는 무언가 불만이 있어 남편에게 밥을 차려주지 않고, 아침에 출근할 때 웃으며 배웅해주지 않았다. 남편은 그 행동이 야속해서 아침밥을 안 먹고, 아내의 배웅을 받지도 못한 채 출근하며 아내를 미워하기 시작할 것이다.

왜냐하면 아내가 왜 화가 났는지 그 이유를 제대로 전달받지 못한 채 남편이 전달 받은 것은 아침을 굶어야 하고, 아내가 남편 대접을 제대로 안 해준다는 사실 뿐이기 때문이다. 그런 식으로 시간이 지나면 부부 사이에 진솔한 대화가 단절된 채 남편은 집을 오피스텔 정도로 간주하기로 결정할 수도 있다.

아침에 눈뜨면 나가서 하루 종일 일하고 돌아와서 잠만 자고 나가는 오피스텔 정도로 집에 대한 개념을 바꾸고, 아내를 오피스텔을 함께 쓰는 공동 거주자 정도로 생각하면 더 이상 상처를 받지 않아도 되기 때문이다. 그렇게 지내다가 어느 날 문득 이제는 아내와 함께 사는 의미가 없으니 이혼을 해야겠다고 결정하고 이혼소송을 제기할 수도 있으리라.

결국 상대방에 대한 불만이나 섭섭함을 벌주기 행동으로 나타내게 되면 충격 요법으로 어느 정도까지는 효과를 볼 수도 있겠지만 도가 지나치면 서로에게 받는 보상(사랑) 자체를 포기하는 방향으로 관계를 이끌어갈 수도 있다는 것을 잊어서는 안 된다.

20

사랑의
선순환 고리

나-전달법은 나를 주어로 말하기 때문에 상대방을 공격하지 않으면서
나의 생각이나 느낌을 전달할 수 있다.

사랑하는 일에는 빛과 그림자가 있다. 사랑의 소통이 잘될 때에는 세상을 다 얻은 것처럼 성취감을 느끼고 그 무엇도 부럽지 않은 만족감을 느끼지만 사랑에 실망할 때는 죽고 싶은 심정이 되기도 한다. 미움과 실망, 배반감, 절망은 사랑이라는 동전의 뒷면이다. 사랑이 빛이라면 미움, 실망, 배반감, 절망은 그림자이다. 빛이 있는 곳에는 필연적으로 그림자가 따른다. 그 그림자가 싫다고 없애려 하기보다는 그림자 속에 매몰되지 않고 더 많은 시간을 빛 속에 머무는 것이 바로 사랑의 기술이다.

배우자에 대한 미움이 생길 때 미움- 벌주기- 무관심- 사랑의 철회로 이어지는 악순환의 고리를 끊고, 대신 미움- 솔직한 나 전달- 상호 이해- 사랑의 회복으로 이어지는 선순환의 궤도를 달릴 수 있도록 부부간 대화의 통로를 활짝 열어야 한다. 그런데 부부간 대화의 통로를 열고, 솔직하게 이야기를 한다는 미명 아래 대화가 분노와 비난으로 점철되는 경우가 많다. 비난과 분노는 감정과 생각의 일부이지 전부가 아니다. 흔히 상대방이 듣기 싫은 소리를 할 때에 "솔직히 말하면" 이라는 말머리를 붙이고 대화를 시작하는 경우가 있는데 그것은 엄격히 말하면 솔직한 것이 아니고 단지 '상대방이 보는 앞에서' 상대방을 비난하고 자신의 분노를 나타내겠다는 뜻일 때가 많다.

결국 그러한 행동은 사랑하는 상대방에게 상처를 주는 무례한 행동이 되기 쉽다. 솔직한 대화란 부정적인 내용뿐 아니라 긍정적인 내용도 함께 통합적으로 전달할 때에 가능하다. 솔직함을 가장한 비난과 분노의 표현은 솔직한 것이 아니다. 내가 이야기하는 솔직한 나-전달이란 나-전달법을 사용한 솔직히 말하기이다. 자신의 감정과 생각을 통합적으로 전달할 수 있는 방법으로 구체적인 방법은 다음과 같다. 먼저 1단계로 자신을 불편하게 하거나 화가 나게 하는 상대방의 행동을 있는 그대로 서술한다. 이때 절대로 비난을 해서는 안 되고, 마치 기자가 기사를 쓰듯이 사실에 입각해서 객관적으로 서술해야 한다.

그렇게 한 다음에는 2단계로 그러한 상대방 배우자의 행동을 통해 자신이 느낀 감정을 말한다. 마지막 3단계는 배우자의 그러한 행동이 자신에게 미치는 구체적인 영향을 이야기하는데 예를 들면 상대방 배우자가 미웠다던가 실망했다던가 아니면 너무 속이 상해서 집에 들어오기가 싫었다든가 하는 내용을 솔직하게 이야기하면 된다.

이렇게 나-전달법의 3단계를 따라가면서 대화를 이어나가면 상대방의 행동이 마음에 안 들어 상대방을 미워하는 상황에서도 정확하고 솔직하게 나를 전달하여 상대방이 자신의 마음을 오해하거나 상처받지 않게 할 수 있다. 나-전달법은 '너-전달법'에 대응하는 방식인데 너-전달법은 너를 주어로 사용하기 때문에 공격적인 말투가 되기 쉽고 상대방은 자신이 비난받고 있다고 느낀다. 예를 들어 "너는 왜 그런 이상한 행동을 하니?"라고 묻는 식이다.

반면 나-전달법은 나를 주어로 말하기 때문에 상대방을 공격하지 않으면서 나의 생각이나 느낌을 전달할 수 있다. 즉 배우자가 이상한 행동을 할 때 "당신은 왜 그런 이상한 행동을 해요?"라고 말하는 대신 나-전달법의 3단계를 충실히 따라가면서 말을 하는 것이다. 예를 들면 1단계로 "내가 보니까 당신이 이렇게 행동을 하는데"

라고 하며 이야기를 시작한다. 그리고는 2단계로 자신의 감정을 이야기한다. "나는 당신이 그런 행동을 하는 것을 보니까 정말 이상하다는 생각이 들면서 당황스럽고 화가 난다"고 표현해보는 것이다. 그 다음에는 나-전달법의 3단계로 넘어가서 그러한 배우자의 행동이 자신에게 미치는 영향을 설명한다. 예를 들면 "당신이 그런 행동을 해서 내가 매우 곤란했고, 마음이 상하면서 당신이 미웠다"고 표현할 수 있을 것이다. 여기에 더하여 "그러니까 그런 행동을 더 이상 하지 않았으면 좋겠어요"라고 소망을 덧붙여 이야기할 수도 있다.

그러면 생각과 소망과 감정을 나-전달법을 통해 솔직하게 전달하는 솔직한 나-전달이 되는 것이다. 이러한 솔직한 나-전달은 상대방을 비난하거나 상처를 주지 않으면서 전달되기 때문에 상호 이해로 이어지고 미움이 사랑으로 회복될 수 있는 힘을 제공한다.

사랑의 악순환 고리의 주재료는 비난이다. 자신의 마음을 그대로 전달하는 것이 아니라 비난이라는 양념을 잔뜩 쳐서 전달하기 때문에 그러한 말을 들은 상대방도 자신의 잘못을 인정하고 사과하기보다는 맞받아서 상대방을 비난하고 공격하게 된다. 이는 가혹한 벌주기와 사랑의 철회로 이어진다. 한편 솔직한 나-전달을 했다고 하더라도 상대방이 내가 바라는 대로 움직여주지 않을 수도 있다는 점을 꼭 기억해야 한다. 왜냐하면 나-전달을 했더라도 상대가 어떤 식으로 반응을 하는가는 배우자의 자유의지에 속하는 영역이기 때문이다.

그래서 나-전달법을 사용할 때에는 고장 난 레코드처럼 지속적으로 해야 한다. 고장 난 레코드는 동일한 부분을 반복해도 음색과 톤이 달라지지 않는다. 그렇게 반복적인 나-전달을 하면서 기다리면 물이 시루의 틈 사이로 다 빠져나가 콩이 자랄 것 같지 않은데도 콩나물이 자라는 것처럼 어느 날 불현듯 배우자의 변화된 반응이 나타날 것이다.

미움과 실망, 배반감, 절망은 사랑이라는 동전의 뒷면이다. 사랑이 빛이라면 미움, 실망, 배반감, 절망은 그림자이다. 빛이 있는 곳에는 필연적으로 그림자가 따른다. 그 그림자가 싫다고 없애려 하기보다는 그림자 속에 매몰되지 않고 더 많은 시간을 빛 속에 머무는 것이 바로 사랑의 기술이다.
배우자에 대한 미움이 생길 때 미움- 벌주기- 무관심- 사랑의 철회로 이어지는 악순환의 고리를 끊고, 대신 미움- 솔직한 나 전달-상호 이해- 사랑의 회복으로 이어지는 선순환의 궤도를 달릴 수 있도록 부부간 대화의 통로를 활짝 열어야 한다.

21

사랑 속에
꼭 있어야 하는 것

성숙한 사랑을 원한다면 "미안하다"는 말에
인색해서는 안 된다.

누군가를 한결같이 사랑하기는 쉽지 않다. 그것도 가끔씩 만나는 사람이 아니고 같은 생활 공간 속에서 부대끼며 사는 배우자와 가족을 지속적으로 사랑한다는 것은 현실적으로 어려운 일일 때가 많다. 가족이라는 공동체 구성원들은 시간과 공간, 자원을 함께 공유하며 나누어 사용해야 하므로 필연적으로 갈등이 생길 수밖에 없다. 그래서 가족학자들은 장기적인 결혼 기간, 현실적인 생활 조건, 복합적인 인간관계 등의 매우 일반적인 요인만으로도 부부 갈등이 생길 수밖에 없다고 말한다. 다시 말하면 부부간에 특별히 심각한 성격 차이나 애정적인 문제가 없더라도 부부로서 공동생활을 하는 것 자체에서 갈등이 생길 수밖에 없다는 것이다.

부모-자녀 관계에서도 마찬가지이다. 부모가 자녀에게 시간과 자원을 많이 투자할수록 부모 자신이 향유할 수 있는 시간과 자원은 줄어들게 되어 있다. 그렇게 하다 보면 부모는 자녀에게 일종의 보상심리를 가지게 되고 자녀가 그에 상응하는 보상을 주지 못할 경우 부모-자녀 사이에 갈등이 생기게 된다.

공동생활을 하는 가족 사이의 갈등은 필연적이고 정상적이다. 중요한 것은 미움이나 갈등이 생겼을 때 어떻게 대처하는가이다. 나는 가족 간의 사랑은 완전한 신적 경지의 사랑이어야 한다는 착각이 많은 문제를 일으킨다고 생각한다. 특히 모성애의 경우는 더더욱 순도 100%를 요구하는 경우가 많다. 부부간의 사랑에서도 낭만적 사랑의 신화 때문인지 완전한 사랑을 전제로 배우자에 대한 기대를 하곤 한다. 그러나 자신조차도 스스로 미워질 때가 있는데 어떻게 내가 아닌 배우자나 자녀를 언제나 변함없이 사랑할 수 있겠는가. 그러므로 때때로 우리가 느끼는 미움이나 실망을 사랑의 또 다른 측면의 정상적인 반응으로 보고 대처하는 게 좋지 않을까.

영화 '러브 스토리'에는 "사랑은 미안하다고 말하지 않는 것"이라는 유명한 대사가 나온다. 정말 낭만적이고 아름다운 대사지만 운명적으로 짧게 끝난 사랑이니 망정이지 수십 년 해로하는 부부 사이에 "사랑은 미안하다고 말하지 않는 것"이라는 말을 믿고 실천하게 되면 아마도 부부 관계는 심각한 갈등 상황에 빠질 것이다.

사랑은 필연적으로 용서를 필요로 한다. 사랑하는 사람과 사랑받는 사람 모두가 불완전하기 때문이다. 그런데 낭만적 사랑을 신봉하는 사람들은 용서를 구하지 않아도 저절로 용서가 되는 것이 사랑의 힘이라고 믿는 것 같다. 실제로 그렇다면 얼마나 좋겠는가. 사랑은 머물러 있지 않고 끊임없이 변화하고 성장하는 유기체와 같은 속성을 지녔다. 사랑의 성장을 위해서는 최우선적으로 평등한 상호작용이 필요하다. 아마 처음에는 상대가 용서를 구하지 않아도 용서를 할 힘이 있었을지도 모른다. 그러나 그러한 상황이 지속되다 보면 사랑의 에너지는 고갈되고, 사랑하는 두 사람 사이는 한 사람의 일방적인 희생과 용서로 관계가 이어지면서 에리히 프롬이 말하는 미성숙한 사랑의 모습인 '공생적 결합'으로 변할 것이다.

사람들은 "미안하다"라는 말을 "잘못했다"는 말과 동의어로 착각하는 경우가 많다. 따라서 미안하다고 말하면 내가 잘못했다고 말하는 것으로 착각하기 때문에 미안하다는 말을 하지 않는다. 미안하다고 말하기는커녕 자신이 채워줄 수 없는 기대와 욕구를 가진 상대가 잘못이라며 비난하기까지 한다. 그렇게 되면 두 사람의 관계는 상호 비난하는 관계로 이어지면서 갈등과 상처로 뒤범벅 된다. 미안하다는 말은 잘못했다는 말이 아니다. 누구의 잘못도 아니지만 서로의 욕구와 기대를 채워주지 못하는 것에 대해 안타깝고 아쉬운 마음을 가진다는 뜻이고, 그런 마음을 전달하는 것이 무엇보다 중요하다.

성숙한 사랑을 원한다면 "미안하다"는 말에 인색해서는 안 된다. 상대의 기대나 욕구를 채워주지 못했을 때 미안하다고 말하고, 미안해 하는 상대를 용서하는 과정이 사랑하는 사람 사이에는 꼭 필요하다. 그러한 과정을 통해 사랑이 성장하기 때문이다. 사과와 용서, 이 두 가지는 불완전한 두 사람이 만들어내는 사랑의 협주곡에 꼭 있어야 하는 선율이다.

사랑은 필연적으로 용서를 필요로 한다. 사랑하는 사람과 사랑받는 사람 모두가 불완전하기 때문이다. 그런데 낭만적 사랑을 신봉하는 사람들은 용서를 구하지 않아도 저절로 용서가 되는 것이 사랑의 힘이라고 믿는 것 같다. 실제로 그렇다면 얼마나 좋겠는가. 아마 처음에는 상대가 용서를 구하지 않아도 용서를 할 힘이 있었을지도 모른다. 그러나 그러한 상황이 지속되다 보면 사랑의 에너지는 고갈되고, 사랑하는 두 사람 사이는 한 사람의 일방적인 희생과 용서로 관계가 이어지면서 에리히 프롬이 말하는 미성숙한 사랑의 모습인 '공생적 결합'으로 변할 것이다.

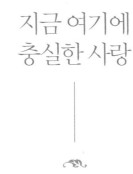

22

지금 여기에
충실한 사랑

지금 여기에서 사랑을 표현하지 않으면
나중에도 하지 못한다.

사랑하는 마음은 감출 수가 없다고 하지만 그건 아무래도 낭만적인 사랑을 할 때이고, 대체로 일상생활에서 가족 간의 사랑은 잘 표현되지 못하고 감춰져 있다. 그래서 나는 왜 사람들이 평소에 사랑의 표현을 잘하지 못할까를 유심히 관찰해보았다. 특히 우리나라 사람들은 사랑의 표현에 서투른데 그건 아마 사랑을 잘 표현하지 못할 뿐 아니라, 완전한 사랑의 모습이 아니면 표현하는 것 자체를 거부하기 때문이라는 생각이 든다. 사랑을 그 자체의 가장 본질적이고 순수한 모습 그대로 마음속 깊은 곳에 지니려 하는 결벽증 같은 것을 가지고 있다. 순수하고 본질적인 사랑의 모습만을 특별한 상황에서 보여주려고 하기 때문에 사랑의 표현에 인색해지는 것이다.

그러나 완전한 사랑에 도달하는 과정에는 부족하지만 치기 어린, 다분히 이기적인, 표현하기 어색한 다양한 형태의 완성되지 않은 사랑의 편린들이 있다는 사실을 인정해야 한다. 그런 미완성의 사랑을 거치면서 사랑이 완성되고 사랑의 능력이 키워진다. 인생은 미완성이라는 노래도 있지만 어차피 사랑도 미완성일 수밖에 없다. 죽는 날까지 더 나은 사랑을 하기 위해서 끊임없이 노력할 뿐이다. 그러므로 미완성의 사랑이라 해도 풍성하게 표현해야 한다. 오늘보다 더 나은 사랑을 내일이면 줄 수 있을 것 같지만 오늘은 불완전하더라도 지금 여기에서 가장 성숙한 사랑, 오늘의 사랑을 줄 수 있을 뿐이다.

'지금 여기에'가 있을 뿐 '나중에'는 없다는 생각으로 치열하게 사랑한다면 더욱 풍성한 사랑을 누릴 수 있다. 결혼 생활 연수가 더해지면서 부부간의 사랑도 늘 그곳에 있는 붙박이 장롱 같이 무덤덤해진다. 그러면서 마음속으로 생각하리라. '나중에 이것도 해주고 저것도 해줘야지', '사랑한다는 말도 나중에 해야지' 하고 말이다. 그러나 지금 여기에서 하지 않으면 나중에도 하지 못한다.

예전에 모두가 가난했던 시절에 쌀이 없어 며칠을 굶다가 잔칫집에 가서 포식을 하곤 했다는 이야기를 들은 적이 있다. 어려운 시절에는 그럴 수밖에 없었겠지만 잔칫집에서의 한 번의 포식 후, 또 다시 굶으면서 언젠가 있을 또 다른 잔치를 기다리는 일은 얼마나 힘들었겠는가. 가난한 사람이 동네 잔칫날을 기다리듯이 특정한 날 멋있게 사랑을 표현하려고 평소에는 사랑을 제대로 표현하지 않는다면 그건 정말 어리석은 일이다.

사랑은 일상이다. 언제나 지금 여기에 존재해야 하는 것이 사랑이다. 그래서 지금 여기에 있는 그대로의 모습으로 사랑을 표현하는 훈련이 꼭 필요하다. 세끼 밥처럼 사랑도 매일 먹어야 하는 양식이니까. 사랑의 표현을 위해서는 특별한 이벤트도 좋겠지만 일상화된 사랑을 자주 표현하는 것이 기본이다. 때로는 친절한 말 한마디로, 때로는 다정한 웃음으로 어떤 때는 마음 깊은 곳에서 우러나오는 위로와 격려로 사랑을 표현하는 훈련이 일상적으로 이루어진 연후에야 사랑의 특별한 표현도 더욱 빛을 발하지 않겠는가.

완전한 사랑에 도달하는 과정에는 부족하지만 치기 어린, 다분히 이기적인, 표현하기 어색한 다양한 형태의 완성되지 않은 사랑의 편린들이 있다는 사실을 인정해야 한다. 그런 미완성의 사랑을 거치면서 사랑이 완성되고 사랑의 능력이 키워진다.

23

성격 차이
이해하기

기본적으로 타고난 성격은 쉽게 바뀌지 않는다.

부부가 이혼할 때 이혼 사유로 내세우는 주요 원인으로 성격 차이가 있다. 성격이 맞지 않아 싸우고 갈등하면서 이혼에 이르는 부부가 많은 것이다. 딱히 내세울 특별한 갈등 사유가 없거나 이혼 사유를 시시콜콜 구차하게 밝히고 싶지 않을 때도 성격 차이로 이혼한다고 말한다.

그런데 과연 성격 차이가 없는 부부가 있을까. 모든 부부에게는 성격 차이가 있다. 중요한 것은 그 성격 차이를 극복하느냐 못하느냐이다. 그렇다면 어떤 부부는 성격 차이를 극복하고 또 다른 부부는 극복하지 못하는 이유는 무엇일까. 성격 차이를 극복하는 데 필요한 것은 사랑과 노력, 그리고 지식이다. 그래서 나는 성격 차이를 극복하는 힘이야말로 그 사람이 가진 능력이라고 생각한다. 사랑은 가슴으로만 하는 것이 아니고 머리로도 해야 한다.

배우자 선택을 할 때는 자신에게 잘 맞는 성격을 가진 사람을 선택하는 지혜가 필요하지만 일단 배우자로 선택한 이후에는 배우자의 성격 특성을 이해하려는 노력을 해야 한다. 그런데 사랑해서 배우자를 선택하고 난 이후에는 사랑받기만을 바라면서 배우자의 성격을 이해하려는 노력을 게을리한다. 다시 말해 배우자의 성격이 자신과 다른데도 불구하고 사랑이라는 미명 하에 자신이 원하는 방식으로 적응하기를 요구하는 것이다. 쉽게 말하면 "나를 사랑하면 내가 원하는 대로 해주세요"라는 식이다.

생각해보라. 그 이야기는 어디서 많이 듣던 이야기가 아닌가. 바로 우리가 어렸을 때에 부모님에게 하던 바로 그 요구다. "엄마, 나 예쁘지요? 나 사랑하지요? 그러니까 까까 사주세요." 부부간의 사랑은 모성애나 부성애와는 다른 종류의 사랑이다. 부성애나 모성애가 내리사랑이라면 부부간의 사랑은 평등한 인간과 인간 사이의 수평적 사랑이다. 그러니까 서로를 존중하고 수용하며 이해하려는 노력이 공평하게 이루어져야지, 일방적인 변화를 요구하면 부부 관계가 제대로 성장하지 못한다.

　나는 부부 상담을 할 때 내담자 부부에게 개와 고양이 이야기를 자주 해준다. 고양이는 공격적인 태도를 보일 때 꼬리를 세우지만 개는 반가운 대상을 만나 호감을 표시할 때 꼬리를 흔든다. 개와 고양이가 서로 잘 지내지 못하는 이유는 이렇게 서로 신호를 보내는 방식이 다르기 때문이다. 마치 개와 고양이처럼 사람들도 기쁠 때나 슬플 때, 그리고 화가 날 때 반응을 보이는 양식이 저마다 다르다. 그것이 바로 성격 차이이다.

　그런데 그러한 차이를 이해하고 받아들이는 것이 아니라 개가 고양이한테 "나를 사랑하면 화가 날 때 꼬리를 세우지 말고, 반가울 때 꼬리를 흔들라"고 요구한다면 과연 그것이 가능하겠는가. 그러면 고양이는 개에게 똑같은 말을 한다. "왜 나만 변해야 하느냐? 네가 바뀌면 되지 않느냐. 이제부터는 네가 반가울 때 꼬리를 흔들지 말고 꼬리를 내려라" 하고 요구할 것이다. 이런 식으로 개와 고양이의 싸움은 다람쥐 쳇바퀴 돌듯 끝이 나지 않을 것이다.

　실제로 상담 현장에서 보면 이렇듯 서로 상대방을 자기에게 일방적으로 맞추려고 하고 그렇게 요구하는 부부들이 많다. 그리고 가장 기가 막힌 일은 배우자가 자신을 사랑한다면 자신을 위해 성격을 변화시킬 수 있다고 믿는 것이다. 성격은 많은 부분 타고 난다. 반응의 양식이나 강도를 다소 조절할 수는 있겠지만 기본적으로 타고난 성격은 쉽게 바뀌지 않는다. 요즘은 예뻐지기 위해 얼굴의 뼈를 깎는 수술을 하기도 하는데 예뻐지기 위해 뼈를 깎는 고통이 오죽하겠는가. 타고난 성격을 고치라는 요구도 마찬가지이다. 뼈를 깎는 아픔을 견디어야 기본적으로 타고난 자신의 성격을 고치고 다른 방식으로 반응할 수 있을 터인데 아무리 사랑하는 사람이라고 해도 그런 말을 할 자격이 있을까. 또 그렇게 힘든 요구를 하는 사람이라면 사실은 그 사람을 진정으로 사랑하지 않는 것이 아닐까.

사랑은 수용이고 이해이며 상대방이 타고난 자질 안에서 가장 아름다운 꽃을 피울 수 있도록 도와주는 것이다. 국화에게 장미가 되라고 요구한다면 들꽃에게 넓은 들판을 떠나 온실에 들어가 살면서 꽃을 피우라 한다면 과연 그것이 사랑인가. 중요한 것은 내가 사랑하는 상대방이 어떤 성격을 가졌는지를 파악하고 그 성격에 맞는 대접을 해주는 것이다. 그것이 바로 사랑이다. 반대로 자신이 가진 성격에 어떤 특성이 있는지를 상대방에게 이해시키려는 노력도 동시에 해야 한다. 이런 과정을 통해 나와 다른 배우자의 성격을 이해할 수 있고 이는 결혼 생활 적응에 매우 중요한 과정이다.

성격은 여러 가지 유형으로 분류할 수 있다. 성격을 검사하는 도구도 많다. 대표적인 성격 검사 도구로 MBTI^{Myers-Briggs Type Indicator}가 있는데 실제로 상담 현장에서 나는 에니어그램^{enneagram} 성격검사를 많이 사용한다. MBTI보다 설명이 쉬워서 내담자들이 잘 이해한다.

에니어그램 성격 유형은 9가지이지만 크게 분류하면 머리형, 가슴형, 장(배)형의 세 가지이다. 쉽게 말하면 머리(이성)를 주로 사용하는 사람, 가슴(감성)을 주로 사용하는 사람, 그리고 장(본능)을 많이 쓰는 사람이다.

머리형과 가슴형이 만나면 머리형은 끊임없이 논리로 설득하려 들고 가슴형은 논리보다는 감성으로 접근하려 한다. 머리형은 가슴형을 바보스럽다고 생각할 것이고 가슴형은 머리형이 자신을 사랑하지 않는다고 느낄 것이다. 이렇게 서로 다른 성격을 두고 부부는 서로 상대방이 잘못되었다고 생각하면서 비난하고 화를 내고 싸우다가 갈등이 극심해지는 지경에 이른다.

성격 차이에는 옳고 그른 것이 없다. 에니어그램에서는 성격이 머리, 가슴, 배 등의 각 유형별로 고르게 발달하는 것이 좋다고 말한다. 따라서 머리형의 배우자는 가슴형의 배우자에게서 감성을 배우고 가슴형의 배우자는 머리형의 배우자에게서 이성적 논리를 배운다면 부부가 서로 협력하여 최상의 파트너가 될 수 있지 않겠는가. 가슴형과 장형이 서로 부부로 만났다면 장형은 밀어부치기만 하는 의지와 배짱에다가 배우자가 가진 가슴형의 감성을 덧붙여서 좀 더 따뜻하고 감성적인 사람이 될 수도 있지 않겠는가.

상담 장면에서 이러한 성격 차이를 내담자 부부들에게 설명해주면서 나는 내담자 부부들이 그 이전까지는 서로 비난하고 분노하던 서로의 성격 차이에 대해 재미있어 하면서 상대방을 새로운 시각으로 다르게 보게 되는 경우를 많이 보았다. 그런 상담 경험이 쌓이면서 사랑을 위해 꼭 필요한 지식 중에 하나가 성격 차이에 대한 이해라는 생각을 하게 되었다. 성격 차이를 이해할 수 있다는 것은 배우자를 바라보는 새로운 렌즈를 가지게 된다는 것이다. 그것은 그 이전에는 알지 못했던 새로운 세계를 배우자와 함께 사랑이라는 노를 저어 탐험하면서 보다 더 멀리 나아갈 수 있다는 뜻이다.

나는 부부 상담을 할 때 내담자 부부에게 개와 고양이 이야기를 자주 해준다. 고양이는 공격적인 태도를 보일 때 꼬리를 세우지만 개는 반가운 대상을 만나 호감을 표시할 때 꼬리를 흔든다. 개와 고양이가 서로 잘 지내지 못하는 이유는 이렇게 서로 신호를 보내는 방식이 다르기 때문이다. 마치 개와 고양이처럼 사람들도 기쁠 때나 슬플 때, 그리고 화가 날 때 반응을 보이는 양식이 저마다 다르다. 그것이 바로 성격 차이이다.

24

빙산을
탐색하라

깊이 있는 이해와 사랑을 하기 위해서는 반드시
서로의 감추어져 있는 빙산을 이해해야 한다.

버지니아 사티어Virginia Satir(사티어 경험주의 가족치료학파의 창시자로 인
간을 통합적이고 영성적인 존재로 보고 치료하였다)는 인간을 빙산에 비유
하여 은유적으로 표현한다. 커다란 빙산에서 수면 위에 보이는 부분
보다 수면 밑에 감추어진 보이지 않는 부분이 더 큰 것처럼 사람에
게도 나타나는 면보다는 숨어 있는 부분이 더 크다는 것이다. 우리
가 사람을 만날 때 겉으로 볼 수 있는 부분은 빙산의 일각일 뿐이다.
사티어는 인간의 몸과 감각기관을 포함한 신체 표면과 몸으로 드러

내는 행동과 언어는 겉으로 드러나는 부분이라고 설명한다.

우리가 겉으로 볼 수 있는 부분은 외모를 포함한 신체적 특징과 언어, 그리고 행동이다. 보이는 부분은 또한 보는 사람의 판단과 해석의 수준에 따라 그 의미가 달라질 수 있다. 지금은 비디오 시대이다 보니 보이는 것에 치중한다. 외면을 중시하는 이 시대 문화의 특징 때문인지 '보이지 않는 것은 존재하지 않는다'라고 간주하는 인지적 오류를 범하기도 한다. 내면보다는 외면 꾸미기에 치중하는 이들을 볼 때면 '외면에 치중하다가 인생의 본질적 내면을 놓치지나 않을까' 하는 안타까움을 느끼기도 한다.

사람을 만날 때도 그 사람의 내면보다는 겉으로 보이는 조건들에 집중하게 되고 그렇게 하다 보니 인간관계가 피상적으로 흘러갈 수밖에 없다. 그 결과로 누군가에게 보여주기 위한 조건들을 만들어가면서 스스로의 본질적 모습을 소외시킨다. 그래서 현대인들은 그 어느때보다 외롭고 우울한 것이 아닐까. 나는 사람 사이에 서로 본질적으로 이해하고 사랑하기 위해 빙산 메타포에 대한 이해가 필요하다고 생각한다. 가족 간에는 두말할 필요도 없다. 겉으로 나타나는 외모나 태도, 행동이 전부라고 생각하고 그 내면에 숨겨져 있는 진정한 동기나 감정, 열망 등을 이해하지 못한다면 서로 진정으로 이해하고 사랑할 수가 없다.

인간을 이해하고 사랑하기 위해서는 인간 내면에서 일어나고 있는 과정에 대한 이해가 선행되어야 한다. 그 사람의 감정은 무엇이고 생각은 어떠하며, 채우고자 하는 기대와 열망은 무엇인가에 대한 성찰이 있어야 한다. 그러한 성찰이 이루어진 후에 그 사람이 하는 말과 행동을 해석할 때만이 진정한 의미의 인간 대 인간의 만남이 가능하다.

어떤 말이나 행동이든 그것이 이루어지는 맥락 안에서 해석되어야 오해가 없다. 그리고 그러한 맥락을 잘 보여주는 것이 바로 사티어가 말하는 빙산 메타포이다. 사티어 변형체계 가족치료의 가장 기본적인 치료 방법으로 빙산 탐색이 있다. 사티어는 사람을 하나의 거대한 빙산으로 본다. 내가 사티어 가족치료 공부를 하면서 가장 많이 들은 말은 "내담자를 빙산으로 보라"는 말이었다. 내담자를 빙산으로 보고 겉으로 나타나는 부분뿐 아니라 수면 깊이 잠재해 있는 거대한 빙산을 탐색하는 일이 바로 상담자의 역할이라는 것이다.

따라서 치료사는 내담자의 빙산을 탐색하여 그의 숨겨진 감정, 생각, 기대, 열망, 자아를 이해하고 치료해야 한다. 그렇게 하지 못하고 외부적 행동에만 관심을 가지면 내담자의 내면을 치료할 수 없다. 내면이 치료되지 않으면 진정한 변화와 성장은 이루어지지 않는다. 똑같은 행동이라도 그 동기가 다르고 그 행동이 나타나는 맥락을 구성하는 기대나 생각, 열망이 다르기 때문에 외부적 행동에만 치중해서 사람을 보게 되면 내면에 대해 정확히 이해할 수 없다. 그러므로 한 사람의 빙산에 대한 탐색은 사티어 가족치료에서 가장 기본적인 과정이다.

연애나 결혼을 가족치료를 위해서 하는 것은 아니기 때문에 빙산 탐색까지 할 필요는 없다고 하더라도 깊이 있는 이해와 사랑을 하기 위해서는 반드시 서로의 감추어져 있는 빙산을 이해해야 한다. 사티어 가족치료에서는 사람과 사람의 만남도 빙산과 빙산의 만남으로 본다. 빙산의 어느 깊이까지 서로 바라보고 이해할 수 있느냐에 따라 인간관계의 밀도가 달라질 수 있다. 보다 깊이 있게 만나고 싶다면 물위에 떠 있는 빙산의 일각뿐 아니라 수면 깊이 숨어 있는 더 큰 빙산의 존재를 이해해야 하고 보다 깊이 있는 빙산 차원에서 상호작용이 이루어져야 한다.

마찬가지로 부부가 서로 깊이 사랑하기 위해서는 부부 각자의 빙산과 빙산의 깊이 있는 만남이 필요하다. 가족 간에도 비록 보이지는 않지만 서로가 가진 빙산의 깊은 곳에서 상호작용하는 가족이 되어야 진정한 가족애를 지닌 가족이라 말할 수 있다. 이러한 내면적 만남이 결혼하여 가족을 이룬 이후뿐 아니라 연애 기간부터 시작되어 서로의 빙산에 대한 깊이 있는 이해가 이루어진다면 더욱 돈독한 부부 사랑, 가족 사랑을 나눌 수 있다.

다시 말하면 수면 위로 드러난 외부 행동behavior과 대처 방식coping뿐 아니라 수면 밑에 잠겨 있는 감정feelings, 지각perceptions, 기대expectations

열망^{yearnings}에 대한 충분한 이해가 선행되어야 상대방의 진정한 자아^{self}와 만날 수 있다. 그리고 상대방의 진정한 자아와의 만남이 이루어질 수 있으려면 먼저 자기 자신의 행동이나 대처 방식뿐 아니라 자신의 감정, 지각, 기대, 열망을 자각하는 참 자기와의 만남이 이루어져야 한다. 내 감정은 무엇이고 나의 생각은 어떠하며, 내가 채우고자 하는 열망과 기대는 무엇인가에 대한 명확한 자각이 있을 때 참 자기와 만날 수 있고 그러한 자기 내면과의 만남이 이루어졌을 때 다른 사람의 내면과도 만날 수 있다.

빙산 메타포를 이해하게 되면 자기 자신을 사랑하는 사람만이 다른 사람도 사랑할 수 있다는 역설이 마음 깊은 곳에서 받아들여진다. 내면보다는 외면에 치중하여 서로가 서로를 소외시키는 외로운 현대사회에서 인간 본연의 진정한 만남과 사랑을 누리려면 화려하게 치장한 외면이 아니라 인간성의 깊은 내면을 바라볼 줄 아는 지혜가 필요하다.

똑같은 행동이라도 그 동기가 다르고 그 행동이 나타나는 맥락을 구성하는 기대나 생각, 열망이 다르기 때문에 외부적 행동에만 치중해서 사람을 보게 되면 내면에 대해 정확히 이해할 수 없다. 따라서 한 사람의 빙산에 대한 탐색은 사티어 가족치료에서 가장 기본적인 과정이다.

4

결혼 생활의 핵심 기술 Ⅱ
: 대화하기

사이가 안 좋은 부부를 만나 보면
제일 먼저 하는 이야기가 대화가 안 된다고 하소연한다.
대화가 안 되니 관계가 나빠지고
관계가 나빠지니 대화가 안 되는 악순환을 거듭하다가
급기야 부부는 서로 말이 안 통하는 사이가 되어버린다.
대화는 우리 몸에 비유하면 혈액과 같다.
혈액순환이 안 되는 것은 만병의 근원이 된다.
이처럼 부부간 대화가 단절되면
가족의 행복은 멀리 달아나버린다.
말하기와 듣기를 포함한 대화의 기술은
결혼 생활에 필요한 두 번째 핵심 기술이다.

25

말을 바꾸면
삶이 바뀐다

솔직함을 가장한 채 함부로 하는 이야기는
마치 벌거벗고 대로를 활보하는 것과 같다.

"교언영색 선의인巧言令色 鮮矣仁"이라는 말이 있다. 공자의 논어에 나
오는 글귀로 말을 꾸며서 좋게 하고 표정을 보기 좋게 꾸미는 사람
중에는 어진 사람이 드물다는 뜻이다. 쉽게 말하면 진실을 숨기며
상대에게 잘 보이려고 애쓰는 사람들 중에 좋은 사람이 별로 없다는
말이다. 물론 일부러 없는 진실을 꾸며대면서까지 좋은 말을 할 필
요는 없다. 그런데 진심으로 상대방을 생각하고 존중하면서도 표현
을 못하거나 도리어 말을 잘 못하여 오해를 사는 경우도 있으니 안

타까운 일이다.

유교적인 가부장적 논리와 교언영색을 경계하는 공자의 가르침이 묘하게 접목되어 우리나라 사람들, 특히 남자들은 말을 함부로 하는 경향이 있다. 가족들에게 말을 다정하게 하면 혹시 가장의 권위가 실추될 것 같은 위기감을 느끼는지 유독 가족들에게 엄격하여 칭찬을 잘 안 한다. 그러다가도 문제가 생기면 꼭 짚고 넘어가 훈계하니 가족 간의 대화는 일방적인 훈계나 가르침, 비난, 명령 등으로만 이루어지기가 일수이다. 그러면서도 가족을 사랑하는 마음을 표현하는 데에는 혹시나 교언영색이 될까봐 극히 인색하여 가족 관계가 딱딱해지기 쉽다.

교언영색이 좋다는 것은 아니다. 그러나 진심을 있는 그대로 표현하는 것은 꼭 필요한 일인데 진심이 없는 말을 하게 될까봐 무조건 말을 안 하는 것도 문제가 있는 태도이다. 말을 그렇게까지 아끼다 보면 나중에는 언어 표현 능력 자체가 약해져서 자신의 감정이나 생각 등을 원활하게 표현하지 못하게 된다.

마음속에 사랑이 있어도 표현해야 전달이 될 수가 있고 상대에게 느끼는 부정적인 감정들도 언어로 잘 표현하여 전달하면 상대의 감정을 다치지 않고 서로의 관계를 성장시킬 수 있다. 말을 잘하기 위해서는 미사여구로 상대가 듣기 좋은 이야기를 하기보다 진심어린 말을 하는 것이 중요하다. 진심어린 말을 하기 위해서는 먼저 자신의 진실이 무엇인지에 대한 명확한 인식이 있어야 한다. 자신이 느끼는 진실된 감정, 생각, 소망 등을 먼저 정리한 후에 그 진실에 기초해서 말을 하는 것이 무엇보다도 중요하다.

보통 사람들은 화나는 감정을 다스리지 못하고 분노에 찬 말이나 비난, 상대방을 통제하기 위해 명령조의 말을 속사포처럼 쏘아댈 때가 있다. 이럴 때는 말을 하기보다는 침묵하는 편이 도리어 더 나은 경우가 많다. 반면 상대방이 사랑스럽게 느껴질 때나 고맙게 느껴질 때, 표현하기가 멋쩍어서 그냥 넘어가기보다는 고맙고 사랑스럽다는 마음을 간단한 표현으로라도 해주고 넘어가면 그 말을 듣는 상대방은 진심으로 기쁘고 행복한 마음을 가지게 될 것이다.

자기가 하는 말을 가장 먼저 듣는 사람은 다른 사람이 아닌 바로 자기 자신이다. 따라서 말을 부드럽게 바꾸면 가장 먼저 나의 기분이 좋아진다. 험한 말을 하고 명령이나 통제, 비난이나 조롱이 담긴 말을 하면 가장 먼저 내 기분이 나빠진다. 그러다 보면 더 기분 나쁜 말을 하게 되고, 그 말에 대응하는 상대방 역시 기분 나쁜 말을 쏟아내면서 삶이 우중충해지는 것이다.

나는 화장 안 하는 여자를 별로 좋아하지 않는다. 미모에 굉장히 자신이 있어서 민낯으로 다닐 수도 있겠지만 사람을 만날 때는 최소한의 화장이나 옷차림을 갖추어야 한다는 게 내 지론이다. 물론 화장이 지나치면 안 하느니만 못하다. 본 모습을 못 알아볼 정도로 '분장'을 하라는 말은 아니지만 남들에게 보여도 될 정도의 모습으로 자신을 가다듬는 일은 기본 예의가 아닐까.

말도 마찬가지이다. 솔직함을 가장한 채 함부로 하는 이야기는 마치 벌거벗고 대로를 활보하는 사람을 볼 때처럼 당황스러워 눈살을 찌푸리게 만든다. 말에도 적당한 화장이 필요하다. 화장을 한 듯 안한 듯 지나침도 모자람도 없는 매무새를 지닌 사람처럼 진심을 더 확실히 전달해줄 수 있는 품위 있는 말을, 그것도 가장 사랑하는 가족들에게 사용하면 가족의 삶이 바뀌는 경험을 할 수 있을 것이다. 말은 돈과 비슷한 속성을 지녔다. 인색해도 안 되고 낭비해도 안 된다. 해야 할 말은 용기를 내어 꼭 하고 말을 아껴야 할 때는 마음을 가다듬어 절제할 줄 알아야 한다.

보통 사람들은 화나는 감정을 다스리지 못하고 분노에 찬 말이나 비난, 상대방을 통제하기 위해 명령조의 말을 속사포처럼 쏘아댈 때가 있다. 이럴 때는 말을 하기보다는 침묵하는 편이 도리어 더 나은 경우가 많다. 반면 상대방이 사랑스럽게 느껴질 때나 고맙게 느껴질 때, 표현하기가 멋쩍어서 그냥 넘어가기보다는 고맙고 사랑스럽다는 마음을 간단한 표현으로라도 해주고 넘어가면 그 말을 듣는 상대방은 진심으로 기쁘고 행복한 마음을 가지게 될 것이다.

26

부부 대화법

: 말하기

감정과 생각과 소망을 분리해서 표현해보라.

부부간에 대화가 잘 안 되는 데에는 여러 가지 이유가 있지만 그
중 하나는 쓸데없는 언쟁을 많이 하기 때문이다. 사소한 문제로 서
로 언쟁을 하다 보면 문제는 해결하지도 못한 채 기분만 나빠지고
대화의 즐거움을 잃어버리게 된다. 그런 식으로 시간이 지나면 대화
란 것이 애정을 표현하는 즐거운 일이기보다는 상대방의 약점을 공
격하고 은연중에 비난함으로써 서로의 불만을 해소하는 스트레스
해소용으로 오용되기 쉽다. 자녀들과의 대화도 마찬가지인데 아이

들에게 잔소리를 많이 하는 엄마일수록 힘들고 짜증스러워 하지만 막상 아이들은 엄마 말을 건성으로 듣는다.

　대화를 많이 하기 위해서는 먼저 대화 내용을 긍정적인 내용으로 바꾸어야 한다. 좋은 연주를 하려면 연습을 많이 해야 하는 이치와 같다. 평소에 좋은 이야기를 많이 해두어야 싫은 소리를 할 때에도 대화가 가능하다. 배우자에게든 자녀에게든 쓸데없는 잔소리를 하지 말아야 한다. 평소에는 가급적이면 좋은 이야기만 한다. 소위 '사랑의 대화'라는 것인데 처음에는 낯뜨겁게 느껴진다. 그러나 노력하면 할 수 있다. 사랑의 대화란 배우자나 자녀들에게 긍정적인 감정을 느꼈을 때 그냥 지나치지 말고 꼭 표현해주는 것이다. "사랑한다"는 직접적인 표현도 좋고 간접적인 다른 표현도 좋다. 어쨌건 좋은 점이 있으므로 사는 것이니까 그 좋은 점을 기억하고 표현해주어야 한다.

　우리나라 사람들의 가족 간 대화의 문제점은 서로 칭찬을 잘 안 한다는 것이다. 배우자나 자녀에 대해 자랑하면 팔불출이라고 하는 사회 분위기가 있어서 남에게 가족 자랑을 안할 뿐 아니라 가족 간에도 칭찬에 인색하다. 그러다가 문제가 생기면 문제를 지적하며 대화를 시도하게 된다. 그래서 부부나 가족 간에 "나하고 이야기 좀 해요" 하고 대화를 시작하려 들면 상대에게는 마치 선전포고처럼 들리게 된다. 평소에 아무 말 안 하다가 문제행동을 하면 불러다가 야단치는 것이다.

좋은 감정이 생길 때 지나치지 말고 꼭 표현해주어야 한다. 그것은 마치 지금처럼 부정적 감정이 생겼을 때 관계를 원활하게 해준다. 남편(부인)이 멋있어 보일 때 속으로만 생각하지 말고 "당신 오늘 정말 멋있어"라고 표현해보라. "당신은 참 좋은 남편(부인)이야"라고 칭찬해주는 것도 좋다.

나아가서 좋은 감정은 물론이지만 나쁜 감정까지도 긍정적으로 표현(실제로는 중립적 표현이다)하는 훈련이 필요하다. 예를 들어 "화나 죽겠어, 열 받아 못살겠어" 하는 말보다 "나는 지금 정말 화가 나는데 어떻게 하면 좋지?" 하고 표현해보는 것이다.

이를 위해서는 부정적인 감정을 감추지 말고 감정적인 언어로써가 아니라 객관적인 언어로써 자신의 감정을 중립적으로 표현하는 훈련을 해야 한다. 부정적인 감정을 중립적으로 표현하는 방법은 간단하다. 바로 감정과 생각과 소망을 분리해서 표현하는 것이다. 너무나 화가 나서 부정적 감정이 치솟는 순간에도 조금 멈추어 서서 생각해보면 이렇게까지 화를 내서는 안 된다는 생각을 하게 된다. 한 번 더 호흡을 고르고 자신을 바라보면 그럼에도 불구하고 좋은 관계를 유지하고 싶다는 소망을 가지고 있는 자신을 발견하게 되기 때문이다. 그래서 부정적인 감정이 치솟을 때에는 잠시 멈추고 자신의 감정과 생각과 소망을 분리하는 작업을 먼저 한 후에 말을 해야 실수를 줄일 수 있다.

대화법 훈련 프로그램인 '부부 대화법'(1960년대 말, 미국 미네소타대학교의 가족연구센터에서 만든 대화법 훈련 프로그램)에서는 이렇게 감정과 소망, 생각을 분리해서 말하는 방법을 '솔직히 말하기'라고 표현하고 있다. 부부 대화법에서는 솔직히 말하기를 위해 감각 정보(보고 들은 것), 사고(생각하는 것), 감정(느끼는 것), 소망(바라는 것), 행동(과거 행동, 현재 행동, 미래 행동)의 다섯 가지 요소를 대화 속에 다 포함시키라고 강조한다.

내담자들에게 '솔직히 말하기'를 훈련시킬 때 나는 육하원칙에 대한 이야기로 훈련을 시작한다. 우리가 신문기사를 읽을 때 기사 속에 누가, 언제, 어디서, 무엇을, 어떻게, 왜했는지에 대한 내용 중 한 가지라도 빠져 있다면 그 기사는 내용을 정확히 전달할 수 없다. 마찬가지로 말을 할 때에는 감각 정보, 사고, 감정, 소망, 행동의 다섯 가지 요소를 모두 포함해서 말을 해야 솔직한 마음이 빠짐없이 정확하게 전달된다.

그러나 실제로 부부 대화법 훈련을 하다 보면 다섯 가지 요소를 다 포함해서 말하기를 힘들어 하는 내담자가 많다. 그래서 나는 실생활에서 다섯 가지 요소를 다 포함해서 이야기하기가 어렵다면 적어도 감정과 생각과 소망을 분리해서 인식한 후에 이야기를 하도록 권유한다. 감정과 생각과 소망을 분리해서 말을 하다 보면 듣는 사람은 상대방이 비록 감정적으로는 화가 났지만 생각과 소망까지 화가 난 것은 아니라는 것을 알게 된다. 이렇게 하면 감정은 감정대로 생각은 생각대로, 소망은 소망대로 각각 분리되어 정확히 전달되면서 감정에 치우쳐 지나친 표현으로 서로 상처를 주거나 오해하는 일을 막을 수 있다.

대화법 훈련 프로그램인 '부부 대화법'에서는 이렇게 감정과 소망, 생각을 분리해서 말하는 방법을 '솔직히 말하기'라고 표현하고 있다. 부부 대화법에서는 솔직히 말하기를 위해 감각 정보(보고 들은 것), 사고(생각하는 것), 감정(느끼는 것), 소망(바라는 것), 행동(과거 행동, 현재 행동, 미래 행동)의 다섯 가지 요소를 대화 속에 다 포함시키라고 강조한다.

내담자들에게 '솔직히 말하기'를 훈련시킬 때 나는 육하원칙에 대한 이야기로 훈련을 시작한다. 우리가 신문기사를 읽을 때 기사 속에 누가, 언제, 어디서, 무엇을, 어떻게, 왜했는지에 대한 내용 중 한 가지라도 빠져 있다면 그 기사는 내용을 정확히 전달할 수 없다. 마찬가지로 말을 할 때에는 감각 정보, 사고, 감정, 소망, 행동의 다섯 가지 요소를 모두 포함해서 말을 해야 솔직한 마음이 빠짐없이 정확하게 전달된다.

27

부부 대화법

: 듣기

올바른 듣기란 자기의 마음을 비우고
상대방의 생각과 감정과 소망을 따라가며 들어주는 것이다.

갈등이 최고로 고조되었을 때 부부가 함께 상담을 받으면 서로
싸우느라고 상담 자체를 진행하기 어렵다. 이런 때에는 남편과 아내
를 따로 상담하면서 우선 부부 대화법 훈련을 실시한다. 그러다가
어느 정도 부부간 갈등이 진정되고 대화가 가능하다고 판단되면 다
시 부부를 함께 상담한다. 부부 분리상담을 하다가 부부가 함께 하
는 상담으로 이어갈 때 상담자로서 나는 적절한 타이밍을 잡기 위해
최선의 노력을 한다. 그러나 막상 내담자 부부가 함께 상담실로 들

어설 때는 '과연 대화가 잘 될까?' 하고 긴장하게 된다.

부부 대화법의 말하기·듣기의 기본 기술을 알려준 후에 부부 상담을 실시할 때, 내가 상담 현장에서 느끼는 것은 갈등이 심한 부부일수록 말하기보다는 듣기가 더 잘 안 된다는 것이다. 그래서 부부 대화법 훈련을 실시할 때 나는 말하기보다는 듣기의 중요성을 더 강조하는 편이다. 말을 제대로 하지 못한다고 해도 끝까지 들어주기만 하면 진심이 상호 전달된다는 것을 경험으로 알기 때문이다.

올바른 듣기란 자기의 마음을 비우고 상대방의 생각과 감정과 소망을 따라가며 들어주는 것인데 자기 감정에 휩싸여 갈등 중에 있는 부부들은 각자 자신의 감정을 표출하려 할 뿐 상대방의 이야기에 귀를 기울이지 않는다. 듣기를 잘 못하는 사람들의 내면을 살펴보면 그들은 자신이 상대방의 이야기를 잘 들어주면 상대방의 소망대로 움직여줘야 할 것 같은 불안을 느끼는 듯하다. 그래서 상대방의 이야기를 듣지 않고 자신의 이야기만 계속하여 상대방의 말문을 막아버리면 자기가 바라는 대로 상황을 이끌어갈 수 있다고 생각하는 것 같다. 과연 그럴까?

그런 일방적 대화법을 사용하는 부부들에게는 특징이 있는데 그것은 무슨 일이든 이기거나 지거나 두 가지 길밖에 선택지가 없다고 믿는 것이다. 자기가 이기거나 상대방이 이기거나 둘 중에 하나의 선택밖에는 할 수 없다고 생각하기 때문에 상대방의 이야기를 듣지 않는 것이다. 그렇게 상대방의 이야기를 듣지 않으면 다른 한쪽의 배우자도 상대방의 말을 듣지 않고 자기 말만 이어가는 일방적 대화를 하게 되고 그러한 일방적 대화 패턴이 부부 사이에 자리 잡게 된다. 그럴 때 나는 부부 대화는 함께 이기는 양승법을 사용해야 한다고 강조한다. 두 사람의 의견이 달라서 싸울 때 한 사람이 이기거나 지거나 해서 두 사람의 의견을 일치시킬 수도 있지만 그렇게 하지 못할 때에는 중간 지점에서 타협점을 찾을 수도 있지 않은가. 생각을 아주 조금만 바꾸어도 듣기에 대한 태도가 달라진다. 이기거나 지는 게 아니라 타협점을 찾아 함께 이길 수도 있다는 생각을 받아들이면 상대방이 이기고 자기가 질까봐 느끼는 불안에서 벗어나서 조금은 열린 마음으로 상대방의 이야기에 귀 기울이게 된다.

언젠가 내가 진행하는 집단상담에서 다른 사람에게 말할 기회를 주지 않고 끊임없이 자기 이야기를 하는 부인을 만난 적이 있다. 그 부인은 눈총을 받을 정도로 남의 이야기는 듣지 않고 자신의 이야기만 계속했는데 나는 울음 섞인 그녀의 이야기 속에서 도무지 아내의 이야기를 들어주지 않는 남편의 모습을 유추해볼 수 있었다. 나는 그 부인의 눈을 똑바로 바라보면서 "하고 싶은 이야기를 다 해보세요. 내가 끝까지 들어줄게요. 남편이 아내의 이야기를 전혀 들어주지 않았지요?"라고 말했다.

순간 그 부인은 눈물을 글썽거리며 "그렇다"고 했고 목소리는 안정을 찾았으며, 다른 사람이 끼어들까봐 숨도 쉬지 않고 계속하던 말의 속도도 느려졌다. 그녀는 말했다. "내가 말을 시작하면 남편은 나에게 등을 보인 채 문을 쾅 닫고 나갔어요. 남편이 문을 향해 걸어가 문을 쾅 닫고 나가기 전에 나는 재빨리 내가 하고 싶은 말을 해야 했어요. 그래도 남편은 내 말을 들어주지 않았어요"

남편은 아마 아내의 잔소리나 바가지 긁는 이야기가 듣기 싫었을 것이다. 그러나 잔소리와 바가지 긁는 말 속에 들어 있는 메시지는 "나를 사랑해 주세요"나 아니면 "내가 너무 힘이 드니 도와주세요"라는 구원 요청이었을 것이다. 아내들은 때로 너무 단순한 이 두 가지 메시지를 부정적인 언어를 사용해서 너무 복잡하게 전달한다. 그러면 남편들은 비난받고 무시당하는 느낌이 들어서 그 말을 듣지 않고 도망치게 된다.

내가 만난 가정 폭력 행위자 남편 중에 부인이 자기 말을 무시한다고 화가 나서 폭력을 행사한 경우가 있었는데 남편이 부인에게 전달한 말은 간단했다. "집안 청소를 깨끗이 해달라"는 것이다. 그러나 그 간단한 메시지가 부인에게는 제대로 전달되지 않았다. 부인은 남편의 메시지를 집안 청소를 빌미로 자신을 비난하면서 "집에서 놀지말고 나가서 돈을 벌어오라"는 메시지로 받아들였다. 부인은 돈을 벌기 위해 집에서 부업을 시작했고 집안은 더욱 더러워졌으며 결국 가정 폭력이 발생했다. 상담 과정에서 남편의 진심이 돈이 아니고 깨끗한 집이라는 것을 확인한 그 부인은 "정말로 청소를 깨끗해 해달라는 것이 당신의 진심이었어요?"라며 몇 번이고 남편에게 확인하고는 어이없는 표정을 지었다. 남편의 말을 끝까지 듣지 않고 혼자서 멋대로 해석하고 판단했던 것이다.

참 안타까운 일이지만 모두 다 아는 모국어로 말하는데도 이렇게 오해가 발생한다. 자기의 생각을 접어두고 상대방의 입장에서 끝까지 듣지 않기 때문이다. 물론 오해하지 않도록 말을 제대로 해야 하겠지만 말을 잘하지 못하는 상대를 만났다고 하더라도 끝까지 들어주기만 하면 오래된 펌프에서 흙탕물이 나온 뒤에는 깨끗한 물이 나오듯이 진심이 담긴 메시지를 전달받을 수 있다.

나는 부부 대화는 함께 이기는 양승법을 사용해야 한다고 강조한다. 두 사람의 의견이 달라서 싸울 때 한 사람이 이기거나 지거나 해서 두 사람의 의견을 일치시킬 수도 있지만 그렇게 하지 못할 때에는 중간 지점에서 타협점을 찾을 수도 있지 않은가. 생각을 아주 조금만 바꾸어도 듣기에 대한 태도가 달라진다. 이기거나 지는 게 아니라 타협점을 찾아 함께 이길 수도 있다는 생각을 받아들이면 상대방이 이기고 자기가 질까봐 느끼는 불안에서 벗어나서 조금은 열린 마음으로 상대방의 이야기에 귀를 기울이게 된다.

28

경청하지 못하는
이유

"그만 해", "됐어", "알았어"라는 말은
대화에서 사용하지 말아야 한다.

대화할 때 듣기는 참 중요하다. 어린 아이가 모국어를 배울 때도
먼저 들어야 말을 할 수 있지 않은가. 청각에 이상이 있어 듣지 못하
게 되면 말을 배울 수 없다. 그래서 몇 번이고 강조하지만 대화에서
중요한 것은 말하기보다는 듣기이다. 말을 제대로 하지 못해도 듣기
만 잘하면 대화가 이루어질 수 있다. 그런데 잘 듣는 것을 방해하는
요소들이 의외로 많다. 그중 가장 큰 요인으로는 제대로 '집중하여
듣지 않는 것'이다. 소위 건성으로 듣는 것인데 상대가 말을 할 때 집

중하지 않고 텔레비전을 본다든가 신문을 본다든가, 아니면 다른 일을 하면서 건성으로 듣는 것이다.

이런 식으로는 올바른 경청이 이루어질 수 없다. 그래서 대화를 시작할 때에는 먼저 서로 대화하기로 약속하고 시간과 장소를 잘 선택해서 대화에 집중할 수 있는 여건을 만들어야 한다. 중요한 주제일수록 미리 약속을 하고 서로 마주앉아 눈과 눈을 바라보며 대화를 해야 한다. 듣기 싫어하는 사람을 억지로 앉혀놓고 대화를 하는 것은 "너는 내 이야기를 듣지 마라"라고 말하는 것과 똑같다.

다음으로 상대방의 이야기를 잘 듣지 못하는 이유로 상대방에 대한 신뢰 문제를 들 수 있다. 말하는 상대방에 대한 불신이나 상처가 마음속에 도사리고 있을 경우에 그 사람이 말하는 내용을 있는 그대로 받아들이기보다는 오해하고 각색하여 받아들이게 된다. 그래서 열린 마음으로 듣는 것이 중요하다. 상대방에 대한 판단과 평가를 마쳐서 상대방이 신뢰할 수 없는 사람이라는 입장을 정리한 후에 어떻게 상대방의 이야기를 열린 마음으로 들을 수 있겠는가. 열린 마음으로 들으려면 상대방을 신뢰해야 한다.

그러나 우리는 항상 신뢰가 가는 사람하고만 대화할 수는 없다. 때로는 마음속으로 다소 미심쩍게 느껴지는 사람과도 이야기를 해야 할 때가 있다. 그럴 때 내가 사용하는 방식은 '지금 여기here and now' 에 집중하는 것이다. 그 사람과의 사이에 과거의 관계에서 쌓인 불신과 상처가 있을지라도 어떤 현안에 대해 대화할 때는 과거를 밀어 놓고, 지금 여기에서 이루어지는 대화에 집중하도록 노력하는 것이다. 부부 사이에도 한번 불신이 생기게 되면 상대방을 색안경을 끼고 보게 되고 상대방의 이야기를 들을 때도 어떤 복선을 깔아놓고 듣는 경향이 있다. 그러다 보면 불신은 더욱 누적되고 의사소통은 더더욱 어려워진다. 따라서 대화를 할 때에는 지금 여기에서 이루어지는 대화 그 자체에 집중하면서 경청하는 자세를 가질 필요가 있다. 그렇게 하다 보면 상대방을 새롭게 보면서 오해를 풀게 되는 순간이 오기도 하고 비록 상대방에 대한 신뢰를 회복하지는 못하더라도 상대방의 입장을 이해하며 용서할 수 있는 마음이 되기도 한다.

듣기를 잘 못하는 사람 중에는 "알았어", 혹은 "됐어", "그만해"라고 말하여 상대방의 말을 자르고 끝까지 듣지 않는 사람이 많다. 그런 사람은 결국 상대방의 이야기는 들어봐야 뻔한 이야기이기 때문에 이쯤에서 끊어서 그만 들어도 달라질 것이 없다고 생각한다. "그만해", "됐어", "알았어"라는 말은 대화에서 사용하지 말아야 한다. 듣기 기술 중에 가장 중요한 것이 끝까지 들어주는 것인데 이렇게 말을 잘라버리면 대화 자체가 이루어지지 않는다.

상대방의 말을 끝까지 들어준다는 것 자체가 애정이고 존중이며 수용이다. 끝까지 말을 해서 달라지는 내용이 없다고 해도 자신이 하고 싶은 말을 충분히 하고 그 이야기를 상대방이 들어주었을 때 느끼는 만족감과 편안함은 관계 자체를 풍성하게 해준다. 흔히 남편들은 아내의 바가지를 내용이 없는 반복적인 말로 치부하는데 바가지를 긁는다는 것은 그만큼 자신이 한 말에 대한 반응이 없어 답답했다는 뜻이다. 실제로 상담 현장에서 나는 아내들에게 바가지를 긁지 말고, 대화를 할 것을 권유하지만 남편들도 바가지를 긁는 아내의 심정을 이해해야 한다.

바가지 긁는 내용을 살펴보면 고질적으로 해결되지 않는 부부 갈등과 연결되어 있는 것을 알 수 있다. 아내들은 지속적으로 잔소리를 하지만 남편들은 아내가 되풀이하는 잔소리를 들을 의향도 없고 듣지도 않는다. 그래서 아내의 잔소리가 시작되면 뻔한 이야기라 생각하고 말을 자르는 것이다. 그러나 한 번만이라도 끝까지 들어줘 보면 아내가 바라는 것이 꼭 눈에 보이는 행동의 변화만은 아니라는 것을 알 수 있다. 자신이 느끼는 고통이나 어려움을 하소연하고 이를 남편이 성의 있게 들어주는 것만으로도 아내의 마음이 풀리는 경험을 할 수 있다. 대화란 꼭 문제를 해결하기 위해서만 하는 것은 아니고 문제가 해결되지 않더라도 문제에 대해 소통하는 것 자체에 최우선적인 의미가 있다. 사랑하는 사람 사이의 대화는 더더욱 그렇다. 대화의 결과로 문제가 해결되거나 상황이 개선되지 않는다고 하더라도 서로 소통했다는 그 자체가 관계를 회복시킬 수도 있다는 점을 모든 부부가 꼭 기억하면 좋겠다.

부부 사이의 대화를 방해하는 또 다른 이유로 '말꼬리 잡고 따지기'가 있다. 대체로 이런 사람들은 대화 자체에 대한 성의가 없고 대화에 대한 의미 부여도 하지 않는 경향이 있다. 그들은 대화를 단지 '귀찮은 문제 제기'로 받아들이고 어떻게 해서든 최단시간 내에 치고 빠지는 방식으로 대화를 끝내야겠다고 작정한 사람들이다. 이들은 자신이 가진 약점이나 문제를 드러내고 싶어 하지 않고 적극적으로 어떤 문제를 해결하고 싶은 마음도 없기 때문에 대화의 전체적인 맥락을 파악하는 것에는 관심이 없다. 때로는 상대방의 말을 제대로 이해하지 못해 전체적인 대화의 맥락을 파악하는 능력이 부족한 경우에도 말꼬리 잡고 따지기를 사용한다. 어떤 경우에는 아무리 대화를 해봤자 상황이 나아지지 않을 것이라는 확신을 가지고 있기도 하다.

그러나 말꼬리 잡고 따지는 식으로 이야기하는 것은 대화의 원래 목적이었던 소통과 문제해결을 못하게 할 뿐 아니라, 추가적인 상처를 서로에게 줌으로써 더욱 나쁜 결과를 가져온다는 것을 알아야 한다. 말꼬리 잡고 따지는 행동은 한마디로 말하면 상대방을 비난하는 것이기 때문에 문제해결을 위해, 아니면 자신의 답답한 마음을 호소하려고 대화를 시작한 상대방에게 깊은 절망과 상처를 주고 나아가 분노와 함께 더욱 심각한 갈등을 유발한다.

나는 가정 폭력 행위자인 남편들을 상담하면서 그들이 흔히 하는 대화의 특징을 알 수 있었다. 그들은 상대방의 말꼬리를 잡고 따지다가 종국에는 논점을 이탈해서 지금 여기에서 이야기되는 내용이 아닌 엉뚱한 주제로 대화의 내용을 전환시킨 후, 자신이 폭력을 사용한 원인이 상대방에게 있다고 주장하는 대화 방식을 많이 사용하는 것을 발견했다. 이것이 바로 폭력 행위자가 자주 사용하는 덮어씌우기 전략이다. 말꼬리 잡고 따지기, 논점 이탈, 그리고 덮어씌우기로 연결되는 매우 건강하지 못한 대화 방식은 갈등이 심한 부부들 사이에서는 흔히 나타나는 대화 방식이다. 그런 방식으로 대화하게 되면 부부 모두 제기된 여러 가지 문제에 대한 책임만을 따지다가 어떻게 해서든 서로가 상대방에게 잘못의 책임을 돌려야 한다는 데에 부부 모두 집중한 나머지 "네 탓이냐, 내 탓이냐"만 따지다가 막상 문제의 본질은 다루지도 못한 채 대화를 포기하게 된다.

그러면 결국 부부 사이의 대화는 아무런 소득 없이 서로를 비난만 하다가 끝이 나게 된다. 때로는 부부가 애당초 이야기를 시작했던 주제에서 한참 벗어나 엉뚱한 일로 싸우게 되어서 싸움의 주제만 엎친 데 덮친 격으로 기하급수적으로 늘어나 종국에는 서로 대화를 포기하는 지경에 이르기도 한다.

이 이외에도 듣기를 잘 못하게 하는 이유는 수도 없이 많지만 잘 듣기 위해 무엇보다 가장 중요한 것은 대화의 목적에 대한 올바른 이해이다. 부부간 대화의 목적은 첫 번째가 마음과 마음의 소통이고 두 번째가 문제해결이다. 가족은 이익을 추구하는 회사가 아니기 때문에 어떤 문제가 해결되지 않는다고 하더라도 대화를 통한 소통이 끊임없이 이루어져야 친밀한 관계를 유지할 수 있다. 문제해결이라는 목적만을 생각해서 대화의 효율성만을 따지다 보면 문제해결이 어려운 주제는 회피하게 된다. 중요한 것은 문제가 해결되지 않더라도 서로의 마음속 응어리나 상처를 어루만져주는 대화가 꼭 필요하다는 사실이다.

결국 부부간 대화의 가장 중요한 목적은 문제해결이 아니라 부부간 마음과 마음의 소통이다. 그러므로 배우자가 제기한 문제를 해결해주지 못한다고 하더라도 서로의 마음을 읽어주는 듣기를 통해 부부간 사랑의 소통이 잘 이루어져야 행복한 결혼 생활을 할 수 있다.

부부간 대화의 목적은 첫 번째가 마음과 마음의 소통이고 두 번째가 문제해결이다. 가족은 이익을 추구하는 회사가 아니기 때문에 어떤 문제가 해결되지 않는다고 하더라도 대화를 통한 소통이 끊임없이 이루어져야 친밀한 관계를 유지할 수 있다.

29

문제해결을 위한
대화

———

먼저 상대방이 나와 다른 소망을 가지게 된 배경을 이해하기 위해
대화하는 시간을 가져야 한다.

대화는 사랑하는 마음을 전달하는 도구이기도 하지만 대화 기술
의 유용성은 문제가 있는 상황에서 더욱 그 빛을 발한다. 사랑하는
마음이 있을 때에는 비록 말을 잘 못하더라도 통하게 되어 있다. 그
래서 개떡같이 말해도 찰떡같이 알아듣는다고 하지 않는가. 그러나
사랑이 미움으로 변하는 갈등 상황에서의 대화는 거꾸로 찰떡같이
말해도 개떡같이 알아들을 정도로 오해로 점철되며 소통이 어렵다.
일단은 문제 상황에서 화가 나 있기 때문에 상대방의 이야기를 들을

준비가 되어 있지 않은 데다가 말하는 사람도 감정적으로 상대방을 건드릴 수 있는 말을 사용하기 쉽다. 따라서 갈등 상황에서는 가급적 감정적 대화를 자제하며 문제해결을 위한 대화를 하도록 노력해야 한다.

문제해결을 위한 대화는 평상시 대화와는 다른 방식으로 풀어나가야 한다. 문제를 해결하려고 부부간에 대화를 하다가 싸움으로 번지는 경우를 자세히 살펴보면 대부분이 서로 바라는 것이 다르기 때문이다.

예를 들어 남편은 모임에 가자고 하고 아내는 모임에 가기 싫다고 하는 경우에 두 사람은 서로 다른 소망을 가지고 있기 때문에 싸우는 것이다. 그럴 때 '내가 옳다, 네가 그르다'라는 식으로 아무리 대화를 해봐야 문제는 해결되지 않는다. 일단 '앞으로 어떻게 할 것인가'라는 결론에 대한 이야기는 접어두어라. 한 사람은 그 모임에 가기 싫어하고 다른 한 사람은 그 모임에 가고 싶어 하는 이유에 대해서 서로 충분히 이야기를 하고 듣는 시간을 먼저 가져야 한다. 그래서 서로 다른 소망을 가지게 된 배경이 되는 감정과 생각과 상황에 대해 충분한 대화를 나누어야 한다.

자신의 소망이 옳다고 단정해놓고 자신과 다른 소망을 가진 상대방의 생각과 감정을 비난하게 되면 문제는 해결하지도 못한 채 기분만 나빠지는 싸움으로 이어질 수밖에 없다. 그렇게 되면 부부 싸움은 야당과 여당이 정치적 이익을 놓고 치열한 다툼을 벌이는 정치 토론에서처럼 오로지 이기기 위해 상대방을 공격하고 자신을 방어하는 전쟁터가 되어버린다.

부부 싸움에서 중요한 것은 누구의 소망이 옳은가를 따지는 것이 아니다. 누가 이기고 질 것인가를 따지는 것도 아니다. 부부가 한 팀으로서 두 사람이 가진 서로 다른 소망을 어떻게든 조정하고 협의해서 함께 나가야 한다. 따라서 소망의 타당성을 따진다든가 상대방이 그런 소망을 가지게 된 배경이 된 감정과 생각을 공격해서는 안 된다. 가장 중요한 것은 나와 다르지만 상대방의 소망을 인정하고 수용해주는 것이다.

그런데 상대방의 소망이 자신과 다른 것을 참지 못하는 사람들이 있다. 그들은 자신을 사랑한다면 배우자가 자신의 소망을 들어줘야 한다는 생각을 가지고 있다. 그러나 그 반대는 왜 안 될까. 즉 자신이 배우자를 사랑한다면 자신의 소망을 접고 배우자의 소망을 들어줘야 할 것이 아닌가. 그들은 흔히 "나를 사랑한다면 나와 다른 소망을 가질 수는 없다"는 부부 일심동체 논리를 주장하기도 하는데 사람은 다 다르고 아무리 부부라 할지라도 서로 다른 바람을 가지고 살 수밖에 없는 것이다.

그렇기 때문에 나와 다른 소망을 가진 상대방의 입장을 충분히 들어봐야 한다. 그렇지 않으면 자신의 소망을 이루기 위해 상대방의 소망을 무시하게 되고 결국은 통제와 압박으로 자신이 원하는 대로 억지로 상대방을 끌고 가게 된다. 그렇게 되면 일단은 자신이 원하는 대로 상황을 이끄는 것처럼 보이지만 눈에 보이지 않는 마음속 부부 관계는 훼손되고 상처를 입게 된다.

무엇보다 중요한 것은 서로의 입장을 충분히 이야기하고 두 사람이 협의하여 어떤 방향으로 함께 갈 것인지를 결정하는 과정이다. 어떤 결론을 냈느냐보다는 그 결론을 내기 위해 두 사람이 얼마나 협력했는가가 관계에서는 더욱 중요하다. 서로 다른 소망을 조정하고 함께 가야 할 방향을 정하기 위해서 대화할 때는 소망에 대해서는 다시 이야기하지 않아야 한다. 소망이 다르기 때문에 문제가 생긴 것이므로 서로 다른 소망을 자꾸 되풀이해 이야기하는 것은 한 번 빠진 늪에 다시 한 번 빠지는 격이다.

드물지만 부부가 각자의 입장을 이야기하면서 서로 이해하는 과정에서 숨겨진 내면의 상처가 치유되는 경우도 있다. 나의 내담자 중에 영화관에 가는 문제로 자주 다투는 부부가 있었다. 남편은 영화 보는 것을 좋아했지만 아내는 어두컴컴한 영화관에 들어가면 불안과 공포를 느껴서 영화 보러 가기를 싫어했다.

상담을 하는 과정에서 여섯 살 어린 시절, 멋모르고 친척언니를 따라 영화관에 갔다가 영화가 끝날 때까지 어두운 영화관에서 빠져나올 수 없어 무서웠던 기억이 아내에게 있다는 것을 알게 되었다.

상담자로서 나는 아내에게 "이제 여섯 살 어린아이가 아니고, 어른 이니까 영화보기를 원치 않으면 언제든지 영화관에서 나올 수 있다" 고 말해주었고 아내는 자신도 그 이유를 몰랐던 영화관에 대한 공포 를 극복할 수 있었다.

일단 소망이 서로 다른 것을 확인한 다음에는 그 문제에 대해 부 부 각자가 가지고 있는 감정과 생각을 나누어야 한다. 그 문제에 대 한 부부 각각의 느낌과 생각을 상호 비난 없이 이해하는 단계까지 대화가 이루어진 다음에야 그러면 앞으로 어떻게 할 것인가에 대한 대화가 이루어질 수 있다.

이때 중요한 것은 서로 다른 느낌이나 생각에 대해 상호 비난하 지 않아야 한다는 점이다. 그렇게 서로 이야기하는 과정에서 부부는 각자의 취향과 욕심을 내려놓고 상대방을 이해하게 되며 비로소 상 대방이 가진 자기와 다른 소망에 대해 '그렇게 바랄 수도 있겠구나' 하는 마음을 가질 수 있다.

앞서 든 예로 설명하자면 남편은 모임에 가기 싫어하는 아내의 생각과 느낌을 대화를 통해 알게 되고 아내는 그 모임에 가고 싶어 하는 남편의 마음을 대화를 통해 알게 된다. 그렇게 되면 소망을 조 정하고 협상하는 일이 쉬워진다. 서로 이해하게 된 다음에는 여러 가지 대안을 놓고 대화를 이어갈 수 있다.

예를 들면 아내가 모임에 가기 싫은 마음을 접고 남편을 따라 모임에 가기로 결정할 수도 있고 반대로 남편이 아내의 마음을 이해하고 모임에 가는 것을 포기할 수도 있다. 또 다른 대안은 부부 각자 자기의 소망대로 하는 것이다. 즉 아내는 그 모임에 안 가지만 남편 혼자 모임에 참석하는 방법이다. 어떤 결론이 나든 서로의 입장을 충분히 이야기하는 시간을 가진 후에는 부부가 서로 비난하거나 미워하지 않으면서 행동 방식을 함께 결정할 수 있어 부부가 함께 성장하는 결과로 이어진다.

부부 싸움에서 중요한 것은 누구의 소망이 옳은가를 따지는 것이 아니다. 누가 이기고 질 것인가를 따지는 것도 아니다. 부부가 한 팀으로서 두 사람이 가진 서로 다른 소망을 어떻게든 조정하고 협의해서 함께 나가야 한다. 따라서 소망의 타당성을 따진다든가 상대방이 그런 소망을 가지게 된 배경이 된 감정과 생각을 공격해서는 안 된다. 가장 중요한 것은 나와 다르지만 상대방의 소망을 인정하고 수용해주는 것이다.

30

대화의
T.P.O

❧

시간, 장소, 상황에 맞는 대화를 하라.

부부 대화법 훈련을 시킬 때 나는 우선적으로 대화에도 패션이 있다는 것을 알려준다. 마치 옷을 입을 때에는 때와 장소와 상황에 맞추어 입어야 되듯이 대화도 때와 장소와 상황에 맞는 대화법이 있다. 아무리 좋은 옷이라고 하더라도 장례식장에 화려한 드레스를 입고 간다든가 결혼식장에 상복을 입고 나타난다면 경악할 일이 아니겠는가. 그래서 멋쟁이가 되려면 시간Time, 장소Place, 상황Occasion에 맞추어 옷을 입어야 한다는 상식 정도는 알고 있어야 한다.

대화에도 T.P.O 가 있다. 실제로 우리의 일상생활은 대부분 대화로 이루어진다. 가정에서 직장에서 혹은 일상에서 만나는 다양한 사람들 속에서 우리는 의식하지 않지만 T.P.O에 맞는 여러 가지 스타일의 대화법을 사용하고 있다. 재미있는 것은 아주 어린아이라고 할지라도 자기보다 더 어린아이에게는 유아어로 말을 한다는 점이다. 예를 들어 네 살짜리 아이가 엄마에게는 "엄마 밥 주세요"라고 말하지만 두 살짜리 동생에게 말할 때는 "맘마 먹자"라고 다르게 말을 한다.

대상에 따라, 상황에 따라 다르게 말을 해야 하는 것은 어른도 마찬가지이다. 그런데 의외로 어른이 되면 자기 나름의 대화 방식을 가지고 있어서 상황과 대상에 상관없이 자신이 가장 선호하는 방식만을 고집스럽게 사용하기도 한다. 마치 자신이 좋아하는 한 가지 옷을 교복처럼 어느 곳에 가든 입고 다니는 것처럼 말이다. 그런 식으로 대화를 하게 되면 원활한 의사소통이 되지 못할 뿐만 아니라 오해를 불러일으킬 수도 있다. 미네소타 대학교에서 개발한 부부 대화법에서는 대화 스타일을 네 가지로 구분한다. 네 가지 대화 스타일에 대한 이해만 잘해도 대화를 보다 효과적으로 할 수 있다.

첫 번째 대화 스타일은 일상생활 말하기와 일 중심 말하기이다. 옷으로 치자면 일상복이라고 할 수 있을 것이다. 일상생활 말하기는 특별히 큰 의미를 담고 있지는 않지만 함께 하는 시간을 편안하게 해주는 대화법이다. "요즘 날씨가 참 좋네요" 같은 말은 큰 의미를 지니지는 않지만 상대방의 긴장을 풀어주고 대화에 편안하게 임하도록 해주는 역할을 한다. 일 중심 말하기는 한 팀이 되어 함께 일을 하는 부부 사이에 일이 잘 돌아가도록 도와주는 역할을 하는 대화법이다. "요즘 일이 많아 수고가 많네요"라는 말은 부부 사이에서 뿐만 아니라 업무상 연결된 딱딱한 사이라도 친밀감을 느끼게 해주는 다정한 대화이다.

두 번째 대화 스타일은 통제식 말하기, 다툼식 말하기, 앙심 품고 말하기이다. 옷으로 치면 속옷이라고 볼 수 있다. 속옷을 입고 외출을 하는 사람은 없지만 속옷도 옷은 옷이다. 그런데 대화에서 마치 속옷 바람으로 외출하는 것처럼 자신의 부정적인 속마음을 그대로 전달하는 사람들이 많다. 이는 매우 위험한 대화이다. 대화라기보다는 명령, 다툼, 미움의 일방통행이다. 그래서 부부 대화법 훈련에서 통제식 말하기, 다툼식 말하기, 앙심 품고 말하기의 대화법은 아예 사용하지 말 것을 권유한다.

그런데 가족 간에는 친하니까 솔직해도 된다는 미명 하에 내면에 가지고 있는 부정적 감정을 여과 없이 그대로 전달하여 깊은 상처를 주는 경우가 많다. 남편이 아내에게 말하는 명령조의 말, 상대방의 말을 인정하지 않고 무조건 이기려고 따지는 다툼식의 말, 그리고 흔히 아내가 남편에게 잘 사용 하는 앙심 품고 하는 말 등은 말을 하기보다는 안 하는 것이 더 좋은 말이다.

세 번째 대화 스타일은 탐색적 말하기로 옷으로 치자면 작업복이다. 탐색적 말하기는 어떤 문제를 해결하기 위해 관찰하거나 문제제기를 함으로써 대략적인 상황을 알아보는 대화법이다. 예를 들어 "당신 요즘 피곤해 보이는데 회사에 무슨 일이 있어요?"라고 묻는 것이다. 궁금하거나 걱정되는 일에 대해서 감정에 치우치지 않고 상황 파악을 하기 위해 대화를 시도하는 것으로 잘못하면 갈등으로 치달을 수 있는 상황에서 안전하게 대화를 시작할 수 있다.

네 번째 대화 스타일은 솔직히 말하기로 자신이 보고 들은 것, 느낀 것, 생각한 것, 바라는 것 등을 모두 이야기하는 방법이다. 솔직히 말하기는 사랑하는 사람 사이에서 사용하는 사랑의 대화법으로 상호 이해도와 친밀도를 높여주는 매우 좋은 대화법이다. 그러나 친하지도 않은 사이에서 솔직히 말하기를 사용하면 상대방에게 부담을 줄 수도 있고, 적절한 자기 보호를 하지 못해 어려움을 겪을 수도 있다.

부부 사이의 대화는 사랑의 대화인 솔직히 말하기를 중심으로 이루어져야 한다. 그런데 부부 사이에는 탐색적 말하기나 일상생활 말하기만 사용하고, 반대로 어느 정도 거리를 두고 자기 보호를 해야 하는 직장 동료에게는 솔직히 말하기를 과하게 사용하는 사람도 있다. 이는 대화법의 T.P.O를 잘 지키지 못하는 것이다. 특히 부부 사이에 친하다는 이유로 통제식 말하기나 다툼식 말하기, 앙심 품고 말하기를 많이 사용하는 것은 지양해야 한다.

신언서판身言書判이란 말이 있다. 중국 당나라 때에 관리를 선출하던 네 가지 표준, 즉 체모體貌의 풍위豊偉, 언사言辭의 변정辯正, 해법楷法의 준미遵美, 문리文理의 우장優長을 이른다. 예전에 인물을 선택하는 데 표준으로 삼던 조건, 곧 신수, 말씨, 문필, 판단력의 네 가지를 뜻한다. 이렇게 그 사람이 어떤 말을 하는가는 그 사람의 인격을 판단하는 주요 기준인데 옷을 잘 입는 멋쟁이처럼 대화에도 대상과 상황에 맞는 적절한 대화 스타일을 사용하여 인격이 돋보이는 사람이 된다면 좋지 않을까.

부부 사이의 대화는 사랑의 대화인 솔직히 말하기를 중심으로 이루어져야 한다. 그런데 부부 사이에는 탐색적 말하기나 일상생활 말하기만 사용하고, 반대로 어느 정도 거리를 두고 자기 보호를 해야 하는 직장 동료에게는 솔직히 말하기를 과하게 사용하는 사람도 있다. 이는 대화법의 T.P.O를 잘 지키지 못하는 것이다. 특히 부부 사이에 친하다는 이유로 통제식 말하기나 다툼식 말하기, 앙심 품고 말하기를 많이 사용하는 것은 지양해야 한다.

31

말로
천 냥 빚 갚기

사랑도 사과도 용서도 함께 경험되어야 진짜이다.
마음속 깊이 묻어놓고 표현하지 않으면 함께 나누고
경험할 수가 없지 않은가.

말을 앞세우기보다는 행동으로 보여주는 것이 진실된 사람의 태도라고 생각하는 사람이 많다. 그래서 아직 확실하게 결과가 나오지도 않은 일을 말로 미리 약속하는 것이 잘못된 태도라고 여긴다. 그런 사람들은 무언가 좋은 일을 마치 깜짝 선물처럼 해주는 것을 좋아한다. 그러나 깜짝 선물은 아주 가끔씩 해주면 된다. 우리의 삶은 기다림의 연속이다. 단번에 되는 일이 얼마나 되는가? 모든 것이 지루한 노력과 기다림 속에서 더디게 성취되지 않던가. 그래서 결과보다는 과정이 더 중요하다고 말하는 것이다.

어떤 사람이 천 냥 빚을 졌다고 하자. 그 사람이 천 냥이나 되는 빚을 갚을 때까지 아무런 이야기도 하지 않고 있다가 어느 날, 돈 천 냥을 들고 혜성같이 나타났다고 치자. 그의 그런 행동은 누구를 위한 것인가. 혹시 자기 자신만을 위한 것이 아닐까. 만에 하나, 천 냥 빚을 갚지 못할지도 모르기 때문에 미리 약속을 하거나 장담하지 않고 아무런 말도 없이 사라졌다가 천 냥을 가지고 나타나는 것은 빚을 진 사람의 입장에서는 최상의 시나리오일 것이다. 빈말로 빚을 언제쯤 갚겠다고 이야기했다가 신용을 잃을 일도 없고 채권자를 지속적으로 보면서 스트레스 받을 일도 없을 테니 말이다. 그러나 관계라는 측면에서 볼 때 채권자의 입장에서는 일단 말로라도 안심을 시키며 천 냥 빚을 갚으려 노력하는 모습을 보여주는 것이 필요하지 않을까.

부부 관계에서도 말로라도 천 냥 빚을 갚는 태도가 필요하다고 생각한다. 빚을 못 갚아 미안하다는 마음을 지속적으로 전달하면서 빚을 갚기 위해 노력하는 모습을 보여주는 것이 관계의 지속을 위해 더욱 좋다. 우리나라 사람들은 결과가 보장되지 않는 빈말을 하기보다는 침묵하는 편이 낫다고 생각한다. 특히 남자의 경우 말을 많이 하는 것이 남자답지 못하다는 생각을 하고 말을 지나치게 아끼는 경향이 있다. 진심이 없는 빈말을 하라고 하는 것이 아니다. 그러나 진심이 있다면 당장 행동으로 보여줄 수 없다고 하더라도 꼭 표현해야 한다. 진심이 있어도 마음속 깊은 곳에 숨겨놓고 표현하지 않으면 진심을 가지고 있는 사람도, 또 그 진심을 꼭 전달받아야 하는 사람도 진실을 함께 경험할 수 없다.

사티어 가족치료는 경험주의 가족치료로 상담자의 의도적인 개입을 통한 변화보다는 내담자가 스스로 하는 경험을 통한 변화를 매우 중요시한다. 실제 상담 현장에서 나는 경험주의 가족치료의 위력을 느낀 적이 많다. 갈등 상황에 있는 부부가 함께 경험하는 기쁨, 슬픔, 눈물 등이 그 어떤 치료보다도 부부 관계를 근본적으로 변화시켰다. 그리고 부부가 함께 하는 경험에 시동이 걸리는 때는 꽁꽁 숨겨놓고 표현하지 못했던 진실된 마음을 표현하는 바로 그 순간이었다.

부부 분리상담을 하다 보면 배우자에게 하기 힘든 마음속 이야기를 상담자인 나에게는 하는 경우가 있다. 어떤 때는 배우자에게 평소 전달하지 못한 사랑이나 고마움, 미안한 마음을 상담 과정에서 표현하는 경우가 있는데 막상 부부가 함께 상담할 때는 그러한 말을 제대로 표현하지 못할 때가 많아 안타깝다. 물론 상담자로서 그러한 배우자의 마음을 내담자 부부에게 잘 전달하려고 애쓰지만 그게 어디 남편이나 아내로부터 직접 듣는 말과 비교할 수 있겠는가.

오래전에 상담한 부부 중에 이혼하기 전 마지막 노력의 일환으로 상담을 받게 된 부부가 있었다. 부인은 거의 이혼 결심을 굳히고 있었지만 남편이 이혼에 응하지 않아 남편이 변화하거나 아니면 이혼에 동의하도록 설득하기 위해 부인이 상담을 요청한 경우였다. 그 부인의 남편은 표현이 정말로 부족한 사람이었고 평소 표현되지 못하고 억제된 감정은 술을 마신 다음에 부정적인 방법으로 터져 나오곤 해서 부인을 힘들게 했다. 상담 과정에서 남편은 부인을 사랑하며 아이들을 위해 가정을 깨지 않고 유지하고 싶다고 말했다. 그러나 부인의 이혼 결심은 변하지 않았다.

몇 회기의 부부 분리상담을 거친 후에 부부를 함께 상담하면서 나는 남편에게 부인의 눈을 똑바로 바라보며 부인을 힘들게 한 것에 대해 사과하라고 말했다. 남편은 한참 뜸을 들이며 말하기를 힘들어하다가 어색한 모습으로 부끄러운 듯 부인의 눈을 바라보며 "미안하다"고 말했다. 그때 얼음처럼 굳어진 표정으로 남편을 바라보고 있던 부인의 눈에서 흘러내리던 눈물. 어떤 경우에도 자신의 이혼 결심은 변하지 않는다는 것을 나타내기 위해 여전히 딱딱한 표정을 짓고 있었음에도 숨길 수 없이 흘러내리던 부인의 눈물을 보며 함께 흘리던 남편의 눈물. 미안하다는 말 한마디에 서로를 바라보며 아무런 말도 하지 못한 채 함께 울던 부부를 보며 그 말을 하기까지 왜 그토록 오랫동안 힘든 세월을 보내야 했을까 안타까웠다.

사랑도 사과도 용서도 함께 경험되어야 진짜이다. 마음속 깊이 묻어놓고 표현하지 않으면 함께 나누고 경험할 수가 없지 않은가.

행동이 변하고, 태도가 변하고, 잘못된 생각이 바로 잡혀지기까지는 시간이 필요하다. 그러나 먼저 말로 표현하고, 함께 울고, 공감하며 변화를 향하여 가는 그 과정이 달라진 행동, 달라진 태도, 달라진 생각보다 더 중요하다고, 나는 믿는다. 그것은 삶의 전환점에서 지금부터는 여태까지와는 다른 길을 가겠다는 약속이고 의지이기 때문이다. 비록 원하는 만큼 변화하고 성장할 수 없다고 하더라도 중요한 것은 전환점의 한 모퉁이를 함께 돌아 새로운 길로 나아가고 있다는 바로 그 사실이 아닐까.

부부 관계에서도 말로라도 천 냥 빚을 갚는 태도가 필요하다고 생각한다. 빚을 못 갚아 미안하다는 마음을 지속적으로 전달하면서 빚을 갚기 위해 노력하는 모습을 보여주는 것이 관계의 지속을 위해 더욱 좋다. 우리나라 사람들은 결과가 보장되지 않는 빈말을 하기보다는 침묵하는 편이 낫다고 생각한다. 특히 남자의 경우 말을 많이 하는 것이 남자답지 못하다는 생각을 하고 말을 지나치게 아끼는 경향이 있다. 진심이 없는 빈말을 하라고 하는 것이 아니다. 그러나 진심이 있다면 당장 행동으로 보여줄 수 없다고 하더라도 꼭 표현해야 한다. 진심이 있어도 마음속 깊은 곳에 숨겨놓고 표현하지 않으면 진심을 가지고 있는 사람도, 또 그 진심을 꼭 전달받아야 하는 사람도 진실을 함께 경험할 수 없다.

5

결혼 생활의 핵심 기술 Ⅲ
: 싸우기

싸우는 데도 방법이 있다.
서로 사랑하는 두 사람이 싸우는 이유는 무엇일까?
한 사람이 옳고 다른 사람은 틀린 것이 아니라
서로의 욕구와 기대가 다를 뿐이다.
사랑하는 사람 사이의 싸움은 이념 논쟁이 아니다.
전쟁은 더더욱 아니다. 서로의 다른 기대와 욕구, 그리고
생각 등을 조정하며 함께 성장해나가기 위한 여정이다.
그 여정이 피투성이의 전쟁터가 되지 않으려면
싸움의 기술을 습득해야 한다.
분노를 조절하고 상대방의 입장을 이해하며
결과가 있는 싸움을 위해서 갈등을 조정해나갈 수 있는
문제해결 능력을 키워나가며 전략적으로 싸워야 한다.

32

결혼 초에
기선을 제압하라?

부부 싸움을 한 이후에 부부 사이가 더 좋은 방향으로 변화하는
경험을 해야 한다. 그래야 부부가 싸우는 의미가 있다.

첫 싸움에서 이겨야 한다고 말하는 사람들이 있다. 부부가 결혼
해서 하는 첫 부부 싸움에서 이겨 기선을 제압해야 한다는 말이다.
사실 그 말은 다소 억지스럽고 무식하게까지 느껴진다. 부부 싸움이
란 전쟁과 달라서 이기려고 하는 것이 아니기 때문이다. 부부 싸움
은 승리하는 것이 중요한 게 아니고 부부가 서로 잘 적응해가며 문
제를 해결해나가는 데에 목적이 있다. 부부가 함께 성장할 수 있는
방향으로 문제가 해결된다면 누가 이기든 상관없는 것이 부부 싸움

이다.

그래서 나는 첫 싸움에서 이겨야 한다고 말하고 싶지는 않다. 대신 부부가 첫 부부 싸움을 잘 해야 한다는 점을 강조하고 싶다. 첫 단추를 잘 끼워야 하듯이 부부가 결혼 초기 갈등 상황에서 성장 지향적으로 잘 대처하는 경험을 하는 것이 매우 중요하다. 쉽게 말하면 부부 싸움을 한 이후에 부부 사이가 더 좋은 방향으로 변화하는 경험을 해야 한다는 것이다. 그래야 부부가 싸우는 의미가 있다.

혹자는 말한다. 화가 나서 싸우는데 싸움의 의미가 무슨 소용이냐고. 그렇다면 나는 "화풀이용으로 하는 부부 싸움이 무슨 소용이 있는가?"라고 묻고 싶다. 정말 화풀이를 해야 한다면 장난감 두더지를 때려잡는 놀이를 하는 게 더 낫지 않겠는가.

스트레스를 해소하기 위한 부부 싸움은 서로에게 상처를 줄 뿐이다. 당면한 문제라도 해결할 수 있다면 그나마 다행이지만 화풀이용 싸움은 부부간 문제가 된 사안은 해결하지 못한 채 서로를 향한 비난과 독설만 퍼붓게 된다. 그러면 문제는 그 본질이 왜곡되거나 더욱 심각해지고 서로에 대한 신뢰나 애정에 깊은 타격을 받아 부부 사이만 더 나빠진다. 따라서 부부 싸움을 할 때에는 그 싸움이 가지는 의미를 꼭 생각해보아야 한다.

의미 있는 부부 싸움을 하기 위해서는 결혼 초기부터 부부 사이의 갈등을 제대로 해결하려는 노력을 해야 한다. 인간의 성격이 생애 초기 3년 동안 그 기초가 형성되듯이 부부 관계도 결혼 초기에 그 기본 방향이 결정되는 것 같다. 특히 부부 싸움을 어떻게 하는가는 결혼 초기에 영향을 더욱 많이 받는다. 그래서 아마도 가부장적인 성향이 강한 남자들이 결혼 초 첫 부부 싸움에서 이겨서 결혼 생활의 기선을 잡으려고 "첫 싸움에서 이겨야 한다"는 말을 했으리라. 그러나 남자가 이겨야 한다든가 여자가 이겨야 한다든가 하는 일방통행식의 부부 싸움 원칙은 백해무익하다. 왜냐하면 부부 싸움이란 승리에 목숨 걸고 하는 전쟁이 아니라 부부가 함께 성장하기 위한 성장통이기 때문이다.

부부 상담을 하다 보면 내담자 부부를 어느 누구보다도 깊이 있게 만나게 된다. 그들의 만남부터 결혼, 그리고 갈등 상황까지 함께 나누다 보면 그들의 아픈 상처에 내 마음까지 아플 때도 있다. 그럴 때 나는 그들의 연인 시절의 모습을 떠올려보곤 한다. 서로가 매력을 느껴 사랑하고 함께 미래를 꿈꾸었을 젊은 그들이 언제부터 이렇게 서로 미워하고 으르렁대며 싸우는 사이 나쁜 부부가 되었을까를 생각해본다. 지금 내 앞에 갈등을 호소하며 이혼 위기를 맞고 있는 내담자 부부도 과거 어느 때에는 행복한 결혼을 꿈꾸는 연인이었으리라. 그 광경을 머릿속으로 그려보면서 그들 삶의 궤적을 상담을 통해 되짚어보곤 한다.

젊은 시절, 멋쟁이 아가씨였을 부인이 지금은 추레한 옷차림을 하고 부부 갈등 때문에 힘들어 할 아이들을 걱정하는 모습. 나름으로 힘들게 노력하는데도 아내의 욕구를 채워줄 수 없는 남편의 좌절. 그냥 연인으로 살았으면 겪지 않았을 생활의 고통을 보면서 결혼 생활이란 현실이고 결코 만만한 것이 아님을 절감한다. 정돈된 모습만 보일 수도 없고 자신의 한계를 감출 수도 없는, 그래서 때로는 서로를 증오하는 관계. 그러나 그 증오 속에 깊이 감추어진 사랑을 찾을 때 상담자로서 힘이 나면서도 안타까울 때가 많다. 그렇게 마음 깊은 곳에 사랑하는 마음을 가지고 있으면서도 그들은 왜 그렇게 서로에게 상처를 주어 마음을 아프게 했을까.

부부 싸움에도 권력의지가 있다. 상대를 이기고 싶다는 본능이라고 할까? 그런데 사랑의 의지보다 권력에의 의지가 더 강할 때 부부 관계는 훼손된다. 재미있는 것은 연인일 때에는 사랑에의 의지로 살다가 결혼을 하면 갑자기 권력에의 의지를 드러내는 부부로 변화하는 경우가 많다는 점이다. 이상하지 않은가? 연인에서 부부로 가는 과정이 단절된 다른 단계로의 이동이 아닐진대, 연인일 때는 사랑을 우선으로 삼다가 결혼을 하면 권력투쟁을 하는 부부로 변하는 것을 현실이라고 치부하는 것은 잘못이다. 그것은 현실이 아니라 사랑하기를 포기하는 것이고, 관계의 왜곡이다.

사랑은 권력 관계를 넘어서서 함께 성장하는 것이라고, 나는 믿는다. 그리고 정당한 권력은 가부장제나 여성해방운동 같은 거창한 이념에서 나오는 것이 아니라 함께 성장할 수 있는 올바른 힘에서 나온다고 생각한다. 그렇다면 함께 성장할 수 있는 올바른 힘이란 무엇일까? 그것은 한마디로 말해서 상호 합의에 의한 성장 지향적 방향 설정이다. 서로 의견이 다를 때 의견의 방향을 일치시키기 위한 노력이고 그 방향을 일치시킬 수 없다면 최소한 서로의 의견을 존중하며 나아가는 노력이 바로 사랑이 아닐까.

부부가 서로 의견이 달라 갈등을 느낄 때 자기만 옳다고 주장하며 상대를 통제하고 압박하여 이기려고 하지만 않는다면 부부는 서로 상처를 주지 않고 상생해나갈 수 있다. 가장 나쁜 것은 "당신은 틀렸고, 나는 옳다"는 주장이다. 사람은 누구나 저마다 올바른 선택을 하려고 노력한다. 더욱이 사랑하는 사람 사이에서 잘못된 선택으로 일부러 상대를 괴롭히려고 하는 사람이 어디 있겠는가. 단지 서로 취향이 다르고 생각이 다르고 소망이 다를 뿐이니 서로의 다른 면을 조화시키며 함께 사는 것이 결혼 생활의 묘미가 아니겠는가.

결혼 생활 초기 적응의 첫 단추는 상생이다. 부부가 함께 이기는 것이다. 첫 싸움부터 절대로 이기려고 하지 말고 상생을 향해 나갔으면 좋겠다. 이기고 지는 것보다 사랑하는 것이, 그래서 행복하게 사는 것이 더 중요하다.

33

싸움이 습관화된
결혼 생활

～

싸움이 습관화된 부부들을 보면
별로 중요하지도 않은 일로 곧잘 싸운다.

존 큐버^{John Cuber}와 페기 해로프 ^{Peggy Harroff}는 미국의 중산층 부부를
대상으로 5년간 연구하여 서로 잘 적응하며 사는 부부들에게 나타
나는 다섯 가지 결혼 생활 유형을 밝혔다. 여기에서 잘 적응한다는
것은 이혼하지 않고 나름대로 잘 사는 것을 의미한다. 큐버와 해로
프가 분류한 결혼 생활 유형은 ① 싸움이 습관화된 결혼 생활 ② 생
기를 잃은 결혼 생활 ③ 소극적 공리주의적 결혼 생활 ④ 생기 있는
결혼 생활 ⑤ 전면적인 결혼 생활이라는 다섯 가지 유형이다.

'생기를 잃은 결혼 생활'은 신혼 초기에는 낭만적 사랑과 친근감으로 활기차고 강력한 감정적 교류를 하면서 살지만 결혼 생활이 지속되면서 만족감과 행복감이 감소되는 유형이다. '소극적 공리주의적 결혼 생활'은 생기를 잃은 결혼 생활과 비슷하나 신혼 초부터 부부간에 감정적 개입을 덜하면서 서로 상대방에게 깊이 관여하지 않으며 사는 유형이다. '생기 있는 결혼 생활'은 부부가 심리적으로 강하게 연결되어 있으며 우리의식을 가지고 함께 참여하며 즐기고 행동하지만 어느 정도의 독자성도 유지하며 사는 결혼 생활 유형이다.

'전면적인 결혼 생활'은 생기 있는 결혼 생활과 비슷하지만 보다 많은 측면에서 상호 동료감과 관여도가 높은 결혼 생활이다. 재미있는 것은 '싸움이 습관화된 결혼 생활'도 그런대로 잘 적응하며 사는 결혼 생활 유형에 속해 있다는 점이다. 싸움이 습관화된 부부는 긴장과 갈등의 관계 속에서 계속적으로 부부 싸움을 하지만 이혼은 하지 않는다. 이 유형의 부부는 문제해결은 하지 못한 채 습관적으로 싸우는데 이들 부부가 싸우는 것은 애정 부족보다는 문제해결 능력 부족에 그 원인이 있다.

큐버와 해로프는 다섯 가지 결혼 생활 유형을 크게 실용적 결혼과 본질적 결혼의 두 가지로 다시 분류했다. 실용적 결혼은 결혼 생활이 꼭 행복해서라기보다는 다른 대안이 없어 결혼 생활을 유지하기 때문에 붙여진 이름이다. 반면 본질적 결혼은 부부간에 상호작용

자체를 보상으로 여기며 결혼 생활을 통하여 친밀감의 욕구를 충족하며 사는 결혼 생활 유형이다. 싸움이 습관화된 결혼 생활, 생기를 잃은 결혼 생활, 소극적 공리주의적 결혼 생활은 실용적 유형에 속한다. 생기 있는 결혼 생활, 전면적인 결혼 생활은 본질적인 결혼 생활 유형에 속한다.

'싸움이 습관화된 결혼 생활'은 실용적인 결혼 생활 유형으로 부부간 갈등이 많아 싸움을 자주 하면서도 결혼 생활을 유지하는 유형이다. 주변 사람들이 보면 부부 싸움을 많이 해서 곧 이혼할 것 같아도 애정이 남아 있고, 이혼한다고 해도 별달리 나아질 게 없기 때문에 싸우면서도 결혼 생활을 유지하는 것이다. 싸움이 습관화된 부부들을 보면 별로 중요하지도 않은 일로 곧잘 싸우는데 이러한 습관적인 싸움이 계속되다 보면 서로 지쳐 애정이 감소하기도 한다. 결혼 생활의 질이 떨어지는 것은 두말할 필요가 없다. 동일한 주제로 반복적으로 부부 싸움을 하고, 싸움의 결과로 문제가 다루어지거나 해결되지 않고, 단지 서로 비난하고 분노와 스트레스를 터뜨리는 것만으로 부부 싸움이 끝난다면 그 부부는 싸움이 습관화된 부부라 말할 수 있다.

습관적 싸움은 당장 결혼 생활에 위기를 가져오지는 않는다고 해도 장기적으로 결혼 생활의 질을 떨어뜨리고 애정을 감소시킬 가능성이 많다.

상담 현장에서 보면 싸움이 습관화된 부부는 결혼 초기에는 싸우면서도 서로에 대한 관심과 애정을 유지하며 살지만 나이가 들면 서로가 지쳐 아예 애정을 포기하고 무관심해지거나 그동안 해결하지 못한 갈등 때문에 부부 싸움이 더욱 심해지면서 심각한 위기 상황으로 치닫는 경우가 많았다.

애정이 돈독하지 못한 부부의 경우는 서로 맞지 않아 싸움을 하면서도 아이들 때문에 참고 살다가 아이들이 어느 정도 큰 후에 이혼을 결심하는 경우도 있다.

부부 싸움을 습관적으로 하는 것은 부부 사이에 지속적으로 상처를 주고받는 일이다. 흔히 부부 싸움을 '칼로 물 베기'라고 하며 사랑싸움으로 치부하기도 한다. 하지만 부부 싸움도 습관적으로 하며 서로 비난하고 상처를 주다 보면 회복이 어려울 정도로 부부 사이가 나빠진다.

그러므로 결혼 초기부터 부부 싸움은 꼭 필요할 때에 제한적으로, 그리고 일정한 원칙을 가지고 하는 훈련을 반드시 해야 한다. 부부 싸움을 칼로 물 베기라고 우습게 보고 즉흥적으로 감정적 습관적으로 하다가는 어느 날 그 칼로 부부 모두의 마음속에 지울 수 없는 상처를 남기게 될 것이다.

34

비난은 관계를
깨뜨린다

❧

정확하게 자기가 느끼는 결과적 감정이나 생각을 이야기해주는 것이
비난보다 훨씬 효과가 있다.

만약에 누군가 나에게 결혼 생활에 가장 나쁜 것이 무엇이냐고
물으면 나는 주저하지 않고 '비난'이라고 대답할 것이다. 비난은 다
른 어떤 것보다도 독성이 강하다. 비난에는 결혼 생활뿐 아니라 모
든 관계를 무너뜨리는 맹독이 있다. 사티어는 사람들이 살아가는 생
존 방식을 몇 가지로 분류했는데 이를 대처 방식이라고도 한다. 대
처 방식이라는 것은 생존을 위협당하는 상황에서 보이는 자기 보호
행동이다. 사티어는 대처 방식을 일치형, 비난형, 회유형, 초이성형,

부적절형의 다섯 가지로 분류했다.

사티어가 대처 방식을 분류하는 기준은 '나'와 '타인', 그리고 '나와 타인이 처한 맥락과 상황'에 대한 고려이다. 이 세 가지 모두를 고려하는 대처 방식이 일치형인데 일치형은 자기도 고려하고 타인도 고려하며 상황에도 맞는 성숙한 대처 방식을 사용하는 사람을 지칭한다. 일치형의 대처 방식을 가진 사람은 스트레스 상황에서도 성숙한 태도로 자신과 타인, 상황을 모두 고려하여 행동하므로 스트레스 상황에 잘 대처하고 건강하게 문제를 해결할 수 있다.

일치형 외에 비난형, 회유형, 초이성형, 부적절형을 비일치형이라고 한다. 비일치적인 대처 방식은 때로는 타인을, 때로는 자신을, 때로는 상황을 제대로 고려하지 못하기 때문에 문제를 일으킨다. 비일치적 대처 방식 중 회유형은 다른 사람의 비위를 맞추기 위해 자신을 고려하지 못하고 타인과 상황만을 고려한다. 그래서 자기주장을 하지 못하고 다른 사람들의 눈치를 보기 때문에 솔직하지 못하며 자기가치감도 부족하다.

비난형은 회유형과 반대이다. 자기주장이 강하고 타인을 배려하지 못하기 때문에 상대방을 비난한다. 자기만 옳다고 생각하고 상대방은 틀렸다고 생각하기 때문에 자기중심적이다. 초이성형은 자신도 타인도 고려하지 않으며 오직 상황만을 고려하는 사람의 대처 방식이다. 감정은 억압되고 생각만을 중요시하는 사람에게서 많이 나타난다. 부적절형은 산만, 회피, 철회 등의 방식을 사용하며 자신도 다른 사람도 상황도 제대로 고려하지 못하는 사람의 대처 방식이다.

회유형이나 초이성형, 부적절형도 결혼 생활에서 나타나는 갈등 상황에 건강하게 대처하지 못하지만 비일치적인 대처 방식을 가진 사람들 중에서 부부 싸움을 가장 극단적으로 하는 사람들은 비난형이다. 부인의 경우에 비난은 주로 잔소리나 바가지 긁기로 나타난다. 남편의 경우에 비난은 강압적 태도와 위협, 통제로 나타난다. 비난형과 비난형이 만나면 가정은 전쟁터같이 되어버린다.

이런 부부들은 상담 장면에서도 극심하게 대립하고 상호 비난을 퍼붓기 때문에 부부를 함께 상담하기가 어렵다. 그래서 일단 부부를 분리상담하여 상호 비난을 중지하게 한 후에야 부부가 당면하고 있는 갈등 문제를 다룰 수 있다. 심하게 다투는 부부를 상담할 때, 상담자로서 내가 최우선적으로 내담자에게 요청하고 다루는 내용이 바로 상호 비난의 중지이다. 상호 비난만 중지해도 부부 관계가 훨씬 부드러워지는 것을 상담 장면에서 많이 목격했다.

요즘은 배우자에 대한 비난을 휴대폰 문자 메시지로 보내는 경우도 있는데 어떤 내담자는 나에게 배우자가 보낸 욕설로 가득한 문자 메시지를 보여주며 고통을 호소하기도 했다. 비난은 이렇게 욕설과 함께 나타나기도 하는데 그런 경우 비난과 욕설의 강도는 시간이 지날수록 강해지는 경향이 있다. 대체로 부부 사이에 비난을 할 때에는 상대가 밉고 상대방에 대한 분노를 가지고 있다는 것을 나타내기 위한 방식으로 상대방을 비난한다. 상대방을 사랑하지 않는다든가 미워한다든가 혹은 상대방에 대해 극심한 분노를 가지고 있다든가 하는 감정을 직접적으로 표현하는 대신 상대방의 어떤 행동이나 말을 비난하는 것이다.

나는 비난을 중지하겠다고 결심한 부부들에게 비난하기보다는 분노나 억울함, 섭섭함, 미움 등의 감정을 숨김없이 표현하는 것이 더 낫다고 강조한다. 그런데 대부분의 부부들은 그런 부정적인 감정을 솔직하게 표현하기보다는 배우자의 특정 행동이나 말 또는 태도를 비난하는 것이 더 낫다고 여기는 것 같다. "당신이 싫어요"나 "당신이 미워요"보다는 "당신이 잘못 했어요"나 "당신이 틀렸어요"라고 말하는 게 부부 사이에 상처를 덜 줄 것이라고 오해하고 있다.

결코 그렇지가 않다. 상대방의 잘못을 비난하기보다는 "나는 당신이 그렇게 행동할 때 당신이 밉다"라든가 "너무 화가 난다" 혹은 "당신에게서 그런 말을 들으면 너무 억울하다" 등, 정확하게 자기가 느끼는 결과적 감정이나 생각을 이야기해주는 것이 비난보다 훨씬 효과가 있다. 흔히 부부 사이에 상대방이 "밉다"든가 "싫다" 혹은 "화가 난다" 등의 표현을 하는 것은 상대방을 기분 나쁘게 하는 것이므로 그런 표현을 하지 말아야 한다고 생각한다. 하지만 그보다는 상대방을 비난하는 것이 더욱 큰 상처를 주고 거부감을 일으킨다는 점을 강조하고 싶다.

물론 "싫다"라든가 "밉다"라는 말이 좋은 표현은 아니지만 그런 감정이 생기게 된 배경이 되는 상대방의 행동이나 태도를 함께 이야기해주면 배우자가 자기 자신 전체를 미워하거나 싫어하는 게 아니라 자신의 특정 행동이나 태도를 싫어한다는 것을 이해하게 된다. 나아가 자신이 배우자가 싫어하는 행동이나 말을 하지 않으면 배우자에게서 미움을 받지 않고 사랑을 받을 수 있다는 사실을 깨닫게 되기도 한다.

그러나 "당신이 나쁘다"라든가 "당신이 잘못했다"라며 상대방을 비난하게 되면 그 행동이나 태도뿐 아니라 상대방 자체를 나쁜 사람이나 잘못을 저지르는 사람으로 낙인을 찍어버리는 결과로 이어지게 된다. 그러면 그런 말을 들은 사람은 나쁜 사람이나 잘못을 저지른 사람이 되지 않기 위해서 변명을 하거나 대응적 비난을 하게 되는 것이다. 결국 자존심이 상해서 혹은 상대방이 상처를 받을까봐 자신의 감정이나 생각을 그대로 이야기하지 못한 채 "어떻게 그런 말을 할 수가 있느냐"라든가 "남편(아내)이라면 그렇게 행동할 수는 없다"라며 상대방의 행동이나 말을 비난하게 되고 상대방은 그 비난에 대응하기 위한 변명을 하거나 "그럼 당신은 잘했냐?"고 맞받아치며 서로 대립하며 싸우게 된다.

그렇게 되면 부부 싸움은 상호 비난으로 이어지고 함께 나누고 싶었던 감정이나 생각들, 받고 싶었던 위로나 사랑 등에 대해서는 언급도 못 한 채 부부는 마치 검사가 피고에게 하는 것처럼 서로의 죄를 따지고 묻다가 심각한 상처를 주고받게 된다.

무엇보다 비난을 중지하는 일이 부부 싸움에서 꼭 지켜야 할 첫 번째 덕목이다. 비난이 아니라 상대방의 말이나 행동을 있는 그대로 설명하고 그 결과 자기가 느낀 감정이나 생각을 있는 그대로 표현하도록 노력해야 한다. 그렇게 하는 것이 배우자의 행동을 싸잡아 비난하는 것보다는 품이 더 많이 들지만 부작용도 적고 훨씬 효과적인 부부 싸움 방식이다.

상대방의 잘못을 비난하기보다는 "나는 당신이 그렇게 행동할 때 당신이 밉다"라든가 "너무 화가 난다" 혹은 "당신에게서 그런 말을 들으면 너무 억울하다" 등, 정확하게 자기가 느끼는 결과적 감정이나 생각을 이야기해주는 것이 비난보다 훨씬 효과가 있다. 흔히 부부 사이에 상대방이 "밉다"든가 "싫다" 혹은 "화가 난다" 등의 표현을 하는 것은 상대방을 기분 나쁘게 하는 것이므로 그런 표현을 하지 말아야 한다고 생각하지만 그보다는 상대방을 비난하는 것이 더욱 큰 상처를 주고 거부감을 일으킨다는 점을 강조하고 싶다.

35

대물림 하는
부부 싸움

건강한 부부 싸움을 하기 위해서는 건설적으로 싸우는
부부 싸움의 방법을 새롭게 배워야 한다.

　내가 대학에서 '결혼과 가족'이라는 교양과목을 강의할 때 학생
들에게 자신들이 보았던 부모님의 '보기 싫었던 부부 싸움'에 대해
써보라고 한 적이 있다. 부부가 살면서 부부 싸움을 안 하고 살 수는
없기 때문에 자녀들은 어쩔 수 없이 부모님의 싸우는 모습을 보고
자라게 된다. 어찌 보면 부모님의 부부 싸움도 자녀들에게는 관찰
학습의 대상이다. 부부가 서로 의견이 안 맞거나 갈등이 있을 때 어
떤 모습으로 문제를 해결하는지를 부모님의 부부 싸움을 관찰하면

서 배우게 되기 때문이다.

학생들이 써낸 보기 싫었던 부부 싸움에는 여러 가지가 있다. 많은 학생들이 "무슨 이유로 부부 싸움을 하든 결국은 옛날 이야기를 들추어내거나 서로의 약점을 들추어내고, 서로의 집안 문제로 탓을 돌리며 싸움이 이어지는 모습이 가장 보기 싫었다"고 했다. 결국 싸우면서 서로 비난하는 부모님이 보기 싫었다는 말이고 싸움의 주제에 집중하지 않고, 논점을 이탈하여 결국은 서로의 약점을 공격하고, 상대방의 원가족을 비난하며 해결할 수 없는 싸움을 이어가는 게 보기 싫었다는 말이다. 부부 싸움을 하다가 자녀들까지 싸잡아 비난하면서 아빠를 닮아 그렇다느니 엄마를 닮아 그렇다느니 하는 이야기를 할 때 제일 싫었다는 이야기도 있었다. 또 "어렸을 때 부모님이 싸우면서 '엄마, 아빠가 이혼하면 누구하고 살 꺼냐'고 물었을 때 정말 싫었다"고 쓴 학생도 있다.

씁쓸하지 않은가. 자녀들은 부모님의 부부 싸움을 보면서 자신의 입장을 가지고 관전평을 하고 있는 것이다. 어렸을 때는 부모님이 싸우고 엄마가 울면 너무 무서웠다고 쓴 학생도 있었다. 또 부모님이 부부 싸움을 한 후 냉전을 하는 기간이 너무 길어서 자녀 입장에서 고통스러웠다고 쓰기도 했다. 부모님의 냉전 기간 동안 어린 마음에 혹시 부모님이 헤어지시는 것은 아닌가 걱정하면서 힘들었다고 했다.

부모님이 싸우면서 이혼하자고 했을 때 가장 싫었다고 쓴 학생도 있었다. 그 학생은 부모님이 싸우면서 말끝마다 이혼하자고 했을 때가 너무 싫었다고 하면서 자신은 결혼해서 싸우더라도 이혼하자는 말은 절대로 하지 않겠다고 했다. 또 아빠의 월급이 적다고 부모님이 싸울 때 보기가 싫었다고 쓴 학생도 있었는데 그 이유는 싸운다고 적은 월급이 많아지는 것은 아니기 때문이란다. 얼마나 냉철한 말인가. 자녀들이 볼 때에 돈 때문에 싸우는 부모님은 해결책이 없이 무작정 싸우는 것으로 보일 수도 있다는 뜻이다. 싸운다고 돈이 생기는 것이 아니기 때문에 돈이 없으면 싸울 것이 아니라 어떻게 해결해나갈지를 의논하는 게 맞다고 보는 것이다. 이럴 때 보면 자녀들이 부모님보다 훨씬 현명하다.

공개된 장소에서 부모님이 싸울 때 창피했고 아빠가 술 먹고 엄마와 싸울 때 보기 싫었다고도 하고, 특히 부부 싸움에서 폭언이나 폭력이 있을 때 가장 싫었다는 내용도 있었다. 부모님이 싸운 후에 중요한 물건이 망가져서 속상했다면서 자신은 나중에 부부 싸움을 하더라도 비싼 물건은 던지지 않겠다는 애교 섞인 내용도 있었다. 그 이외에 다른 사람과 비교하며 싸울 때, 부모님 중 한 분이 자신의 잘못을 인정하지 않고 도리어 공격하며 적반하장 격으로 싸울 때, 부부 싸움의 주제가 항상 똑같고 확실한 해결 방법이 없을 때, 부모님이 서로 합의해서 결정한 사항인데 힘들어지니까 서로 책임을 떠

넘기며 싸울 때, 조상 탓하며 싸울 때, 싸우다가 자녀에게 화풀이 할 때 등 자녀 입장에서 보기 싫었던 부모님의 부부 싸움 모습은 다양했다.

부부가 살면서 자녀들에게 싸우는 것을 전혀 보이지 않고 살 수는 없지만 가급적 보기 싫은 부부 싸움의 모습은 보여주지 않는 것이 좋다. 왜냐하면 어려서 부모님의 부부 싸움을 관찰한 대로 자녀들도 싸우는 경향이 있기 때문이다. 결혼한 후에 자기도 모르게 자신이 어려서 본 부모님의 부부 싸움 모습을 그대로 재현하는 경우도 많다. 어려서는 자신은 커서 부모님같이 하지 말아야지 하고 결심을 하지만 자기도 모르게 동일한 모습을 반복하는 경향이 있다. 그 이유는 닮지 않아야겠다는 모습은 보여주었지만 꼭 닮고 싶은 부모님의 모습은 보여주지 못했기 때문이다. 그러니 바람직한 모습을 자녀에게 보여주기 힘들다면 부정적 영향을 줄 수 있는 모습만이라도 보이지 않도록 해야 할 것이다.

누구든 이전 모습과 다르게 살려면 다르게 살아야겠다는 결심만으로는 부족하고 구체적으로 어떻게 다르게 살지에 대한 방법을 알아야 한다. 따라서 단지 나는 부모님같이 부부 싸움을 하지 말아야지 하는 결심만으로는 건강한 부부 싸움을 할 수 없다. 건강한 부부 싸움을 하기 위해서는 건설적으로 싸우는 부부 싸움의 방법을 새롭게 배워야 한다. 부모님이 현명하게 문제를 해결해나가며 성숙하게 부부 갈등을 풀어나가는 모습을 보여준다면 더 이상 바랄 것이 없겠다. 하지만 그렇지 못했다면 스트레스 해소용으로 서로를 비난하며 해결할 수도 없는 문제로 습관적으로 싸우는 것이 아니라 문제해결 중심으로 성숙하게 부부 갈등을 다루어가는 방식을 새롭게 배워야 한다.

부부가 살면서 자녀들에게 싸우는 것을 전혀 보이지 않고 살 수는 없지만 가급적 보기 싫은 부부 싸움의 모습은 보여주지 않는 것이 좋다. 왜냐하면 어려서 부모님의 부부 싸움을 관찰한 대로 자녀들도 싸우는 경향이 있기 때문이다. 결혼한 후에 자기도 모르게 자신이 어려서 본 부모님의 부부 싸움 모습을 그대로 재현하는 경우도 많다. 어려서는 자신은 커서 부모님같이 하지 말아야지 하고 결심을 하지만 자기도 모르게 동일한 모습을 반복하는 경향이 있다. 그 이유는 닮지 않아야겠다는 모습을 보여준 만큼, 꼭 닮고 싶은 부모님의 모습은 보여주지 못했기 때문이다. 그러니 바람직한 모습을 자녀에게 보여주기 힘들다면 부정적 영향을 줄 수 있는 모습만이라도 보이지 않도록 해야 할 것이다.

36

홧김에 하는
이혼소송

홧김에 한 이혼이 기정사실화되어 서로 다른
인생행로를 가게 되는 경우도 있다.

예전에는 이혼하기 전에 다시 한 번 곰곰이 생각해보는 숙려熟慮 기
간을 두는 제도가 없었다. 더욱이 부부 상담이나 가족 상담도 활성화
되어 있지 않았기 때문에 부부 싸움을 하다가 갈등이 해결되지 않으
면 부부가 극단적으로 분노를 내뿜다가 "그럼 우리 이혼하자"는 말
을 하게 된다. 성질이 급한 부부들은 그길로 한걸음에 법원으로 달려
가 협의이혼을 하는 경우도 있었다. 그러다 보니 그야말로 홧김에 이
혼을 하게 된다. 다행히 이혼을 한 후에 정신을 차리고 문제를 수습

해 다시 결혼 생활을 이어가는 경우도 있지만 때로는 홧김에 한 이혼이 기정사실화되어 서로 다른 인생행로를 가게 되는 경우도 있다.

그래서 요즘에는 협의이혼 전 숙려 기간을 두어 이혼에 대해 충분히 부부간 협의를 하고 상담을 받을 수 있도록 제도화하였다. 조금 늦은 감이 있지만 다행이라고 생각한다. 재판이혼의 경우도 예전에는 판사의 법률적 판단만으로 이혼판결을 내렸지만 요즘은 경우에 따라 재판이혼 전 상담을 전문가에게 의뢰해서 상담 결과에 대한 의견을 듣기도 한다. 나도 법원의 가사 전문 상담위원이라서 담당 판사의 의뢰에 의하여 재판이혼을 진행하고 있는 부부들을 상담하고 있다. 재판이혼에는 부부 갈등, 가족 갈등이 복잡하게 얽혀 있는 경우가 많아 전문 상담자가 충분한 시간을 가지고 부부의 진정한 이혼 동기나 부부 관계 회복 가능성을 알아보는 것이 매우 중요하다.

대체로 협의이혼을 하지 못하고 재판에까지 이르게 된 부부는 갈등이 매우 심하고 해결 가능성이 없는 경우가 많다. 그러나 그중에는 혼인 관계가 파탄지경에까지 이르지는 않았음에도 불구하고 심한 부부 싸움 끝에 이혼을 청구하는 경우도 있어 재판이혼 전 상담을 받은 후 이혼 의사를 접고 부부 관계가 회복되기도 한다. 그럴 때 나는 그 부부들에게 정작 필요했던 것은 이혼소송이 아니라 부부 상담이었는데 충분한 상담도 받지 않고 이혼소송부터 제기한 것에 대해 안타까움을 느낀다. 부부간 갈등이 심한 경우에는 이혼소송을 제기하기 전에 부부 상담을 먼저 받아보는 일이 꼭 필요하다.

　재판이혼을 진행하다가 부부 관계가 다시 회복되는 경우가 많지는 않다. 하지만 나는 내 상담 경험에 비추어보며 이혼 상황에 대처하는 부부의 모습을 통해 부부 관계의 회복 가능성을 조심스럽게 예상해보기도 한다. 부부가 이혼소송을 한 후에도 한 집에 거주하는 경우는 별거 기간을 오래 거친 후 이혼소송을 진행하는 부부들에 비해 관계 회복 가능성이 높다. 그들이 서로 적극적인 상호작용을 하지는 않는다고 하더라도 최소한의 의사소통은 하고 있으므로 문제가 되는 사안에 대해서 보다 심층적인 상담을 받으면서 이혼을 확정 지을 때까지 좀 더 노력을 하면 부부 관계가 회복되는 경우도 있다. 물론 이혼소송 후 한 집에 거주한다고 다 그런 것은 아니고 사례에 따라 다르기는 하다. 도저히 함께 살 수 없는 상황이지만 경제적인 문제 등 여러 가지 사유로 따로 집을 얻어 나갈 수 없어 한집에 있는 경우도 있기 때문이다.

　재판이혼을 진행하는 과정에서 부부가 함께 상담을 받을 때에도 부부가 함께 상담받기를 거부하는 부부보다 관계 회복의 비율이 높다. 대부분의 부부들은 이혼소송을 한 후에는 서로 얼굴을 보거나 대화하기를 거부하기 때문에 재판이혼 전 상담은 주로 부부 분리상담으로 이루어진다. 그래서 부부가 함께 상담하면서 상호 협의를 하고 관계 개선을 위한 노력을 하려는 의지를 보인다는 것 자체가 부부간에 애정이 남아 있다고 볼 수 있다.

그런데 부부 싸움 끝에 충분한 숙고 과정 없이 이혼소송을 제기하는 사람 중에는 상대 배우자에 대한 최후 통첩의 일환으로 이혼을 청구하는 경우도 있다. 그럴 때 이혼소송을 하는 마음은 "이혼이 되면 이혼하고 이혼이 안 되도 그만"이라는 식이다. 그러니까 이런 경우는 부부가 서로 해결되지 않는 싸움을 하다가 지쳐버려서 자포자기하는 심정으로 이혼소송을 하는 것이다.

상담을 해보면 그런 부부들은 대체로 '나는 참을 수 없고 상대방은 고칠 수 없는 문제'를 놓고 부부간에 극심하게 대립하다가 지쳐버려서 "이제는 도저히 더 못 참겠다"고 결론을 내린 후 이혼소송을 하는 듯했다. 다시 말하면 이혼소송이라는 충격요법으로 배우자를 압박하여 배우자를 고칠 수 있으면 좋겠고, 아니면 이혼하겠으며, 만약 판사가 이혼을 허락하지 않으면 할 수 없이 참고 살겠다는 마음을 가지고 있는 것이다. 이혼소송이 충격요법이 되어서 배우자가 참을 수 없었던 악습을 고치는 경우도 더러 있기는 했다. 그러나 그런 식으로 이혼소송을 하기보다는 부부 상담을 적극적으로 받아 부부간 갈등해결을 해나가는 것이 더 현명한 태도라고 생각한다. 과거 부부 상담이 활발하게 이루어지지 않던 때에는 이혼 위협을 배우자를 변화시키는 충격요법으로 사용하기도 했지만 요즘은 전문적인 상담자를 만날 수 있는 기회가 많은 시대이므로 이혼소송이라는 충격요법보다는 상담을 통한 상호 변화, 상호 성장을 통해 파경의 위기를 타개해나가는 것이 바람직하다.

상담을 통해 부부 문제를 심층적으로 다룬 후에도 부부가 갈등을 완화시키지 못하고 함께 성장하기 어려운 지점에 부부가 각각 머무를 수밖에 없다고 판단될 때에 비로소 이혼이라는 단어를 입에 올리는 것이 올바른 태도이다. 부부 싸움을 하다가 분노 조절이 안 되거나 상황이 자기 마음대로 통제되지 않으면 "이혼하자"고 쉽게 이야기하고 이혼 위협을 받은 쪽 배우자는 자존심 때문에 "이혼하지 말고 좀 더 노력해보자"는 말을 하기 싫어서 "그러면 이혼하자"고 맞대응을 한 후, 이혼소송을 진행하는 것은 개인적 국가적인 낭비이다.

이혼은 최후의 선택이다. 그러나 이혼이 꼭 필요한 경우도 있다. 최선의 노력을 한 후에도 도저히 함께 할 수 없어서 이혼을 선택할 때에는 이혼 과정을 견디기 위한 마음의 준비와 함께 이혼 후의 새로운 생활을 위한 대비도 충분히 해서 후회 없는 이혼을 해야 한다. 사랑하는 두 사람이 결혼하는 과정이 힘든 만큼, 아니 그 이상으로 이혼의 과정도 힘들고 아프다. 자녀가 있을 경우에는 더욱 그렇다. 그런 힘들고 아픈 과정을 거치고라도 새로운 출발을 해야 한다면 이혼이 결코 후회할 선택이 되어서는 안 될 뿐 아니라 이혼 후의 삶도 이혼 전보다 더욱 성장하는 행복한 삶이 되어야 하지 않겠는가.

37

분노를
조절하는 법

분노를 조절하려면 사건 자체를 통제해야 하는 것이 아니고
그 사건에 대한 생각을 조절해야 한다.

자신의 정당한 권리를 침해당했을 때 느끼는 분노는 인간의 자연
스런 반응이다. 그러므로 화가 난다는 사실 자체에 대해 죄책감을
느껴서는 안 된다. 화가 난다는 것이 잘못은 아니다. 하지만 상대방
에게 상처를 주면서 화를 낸다면 그것은 잘못이다. 화는 누르고 참
는 것이 능사가 아니고 정당한 방법으로 표현하는 것이 중요하다.

가정 폭력 행위자들을 살펴보면 인격장애를 가진 경우가 아니면
그들이 폭력을 행사하는 데는 나름의 이유가 있다. 그럼에도 그들은

자신의 분노를 정당한 방법으로 표출하지 못했기 때문에 가정적으로나 사회적으로 문제가 되는 것이다. 요즘은 가정 폭력 행위자들을 처벌하는 대신 상담 및 수강 명령을 내리는 경우가 많다. 가정 폭력 행위자를 위한 교육 프로그램에는 분노 조절 훈련이 포함되어 있다. 분노 조절 훈련은 자신의 분노를 억압하지 않고 잘 조절해가면서 분노를 일으킨 대상에게 화가 난 이유를 효과적으로 전달하는 훈련이다.

물론 가급적이면 화가 나는 상황을 긍정적으로 받아들여 화를 안 내도록 하는 훈련도 포함되어 있다. 참고 이해하고 수용해줄 수 있다면 화를 안 내고 넘어가는 것이 좋다. 그럼에도 불구하고 참을 수 없는 분노가 일어난다면 화를 잘 조절해서 표현해야 한다. 일단 분노가 일어나면 무조건 분노를 억압하거나 터뜨리지 말고 분노를 요리해야 한다.

분노를 요리하는 데 사용하는 조미료는 두 가지가 있다. 하나는 '자동생각'이고 다른 하나는 '합리적 생각'이다. 두 가지 조미료 중 한 가지인 자동생각에는 자신과 상대방에게 상처를 주는 치명적인 독이 들어 있다. 그러니 자동생각이라는 조미료를 분노 상황에서 사용하지 않도록 훈련해야 한다. 그 대신 합리적 생각이라는 조미료를 사용하여 감정과 생각을 가다듬고 분노를 조절하여 표현해야 한다.

대체로 사람들은 분노가 순간적이고 폭발적으로 일어난다고 생각하지만 그렇지 않다. 모든 분노는 짧은 시간이라도 어떤 사건을 인지하고 해석하는 과정을 거친 후에 일어나는데 이 과정을 앨버트 엘리스Albert Ellis는 감정고조 A-B-C이론으로 설명했다. A는 사건이나 흥분을 유발하는 일을, B는 사건에 대한 생각을, C는 결과적인 감정을 말한다. 분노의 A-B-C이론에서 가장 중요한 것은 사건(A)이 아니라 사건에 대한 생각(B)이다. 사람들은 어떤 특정한 사건이 분노를 유발한다고 생각하지만 실제로 분노를 유발하는 것은 그 사건이 아니라 사건에 대한 생각이다.

따라서 분노를 조절하려면 사건 자체를 통제해야 하는 것이 아니고 그 사건에 대한 생각을 조절해야 한다. 사건에 대한 생각(B)은 두 가지가 있는데 위에서 언급했듯이 하나는 자동생각이고 다른 하나는 합리적 생각이다. 자동생각은 분노를 더욱 고조시키는 생각이다. 반면 합리적 생각은 분노를 가라앉히고 감정을 다스릴 수 있게 해주는 생각이다. 화가 나는 상황에서 잠시 생각을 멈추고 자신이 자동생각을 하고 있는지 합리적으로 생각하여 감정을 조절하고 있는지를 인식해보라.

예를 들어 누군가 만나기로 했는데 약속 장소에 그 사람이 나타나지 않았다고 하자. 자동생각은 '그러면 그렇지. 평소에도 기분 나쁘게 굴더니 결국은 약속을 안 지키고 나를 골탕 먹이는구나'라고 자동으로 생각하게 되고 그러면 화가 더 난다. 그러나 '무슨 피치 못할 사정이 있나보다. 일단 무슨 일인지 알아보자'라고 합리적으로 생각하면 화가 가라앉으면서 보다 유연하게 대처할 수 있게 된다. 자동생각과 합리적 생각의 차이점은 분노를 더 심하게 느끼는 방향으로 생각하느냐(자동생각) 아니면 분노를 조절하는 방향으로 생각하느냐(합리적 생각)의 차이일 뿐 도덕적으로 옳은가 그른가 혹은 진실인가 아닌가와는 상관이 없다.

흔히 불난 집에 부채질 한다는 말을 하는데 바로 불난 집에 부채질을 하게 하는 생각이 바로 자동생각이다. 반면 불난 집에 물 한 바가지라도 붓게 하는 생각은 합리적 생각이다. 분노 상황에서 분노를 더 극단적으로 치닫게 하는 생각을 하는 사람들이 의외로 많다. 그들은 상황이 자신의 화를 돋우었다고 말하지만 사실 화를 극단적으로 치닫게 하는 것은 자동생각이다. 화가 나는 상황에 처하면 먼저 자신을 다독이며 "일단 진정하고, 뭐가 어떻게 된 것인지 차분히 살펴보자"라고 혼잣말을 하는 것이 분노 상황에 합리적으로 대처하는 데 많은 도움이 된다.

가족 간에 분노가 가장 극단적으로 표출되어 나타나는 것이 가정 폭력이다. 가정 폭력 행위자를 만나 보면 그들은 가족들의 특정 행동을 자신을 무시한다고 자동생각으로 해석하여 분노를 극단화시킨다. 그러나 이를 합리적으로 생각하여 '왜 저런 행동을 하는지 일단 알아보자'라고 생각을 변화시킨 뒤에 "당신이 그런 행동을 할 때 나는 무시당하는 것 같아 기분이 나쁘다"고 솔직한 나-전달을 한다면 가정 폭력은 훨씬 줄어들 것이다.

가족에게 무시당하고 남편과 아버지로서 제대로 대접받지 못한 것에 대한 분노로 폭력을 사용하고 폭력을 사용했기 때문에 가족으로부터 더욱 외면당하는 악순환을 거듭하면서 자신은 가해자가 아니고 피해자라고 항변하는 가정 폭력 행위자를 보면 그들 역시 분노의 화염에 희생된 피해자라는 생각이 든다. 심각한 분노의 표출에는 가해자는 없고 피해자만 있을 뿐이다. 조절되지 않은 분노, 상처와 증오가 섞여 변질된 분노는 화를 내는 사람이나 분노의 대상이 되는 사람 모두를 피해자로 만든다. 분노의 이유를 명백히 밝히고 합리적이고 상호 소통이 가능한 방법으로 이를 표출한다면 분노의 가해자도 피해자도 없는 세상이 될 수 있지 않을까. 정당한 분노는 가정과 사회를 발전시키는 동인이 되기도 한다. 그러나 분노가 정당해지려면 분노의 표출도 정당한 방법으로 해야 한다.

자동생각과 합리적 생각의 차이점은 분노를 더 심하게 느끼는 방향으로 생각하느냐(자동생각) 아니면 분노를 조절하는 방향으로 생각하느냐(합리적 생각)의 차이일 뿐 도덕적으로 옳은가 그른가 혹은 진실인가 아닌가와는 상관이 없다.

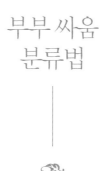

38

부부 싸움
분류법

부부 사이에 가장 큰 고통과 상처를 주는 일은
상대방의 한계를 건드리는 것이다.

부부 싸움을 안 하고 살 수는 없다. 부부는 서로 사랑하고 서로에
대한 기대가 많으며 상호 욕구를 채워줘야 하는 대상이기 때문이다.
그러나 부부 싸움이 부부 관계 개선을 위한 문제해결의 계기가 되기
보다는 서로에게 고통과 상처를 주는 결과로 이어지는 경우가 많다.
그렇다면 어떤 경우에 부부 싸움은 서로의 이해와 수용을 통한 부부
관계 개선으로 이어지고 어떤 경우에 서로에게 상처를 주는 것일까.
부부 사이에 가장 큰 고통과 상처를 주는 일은 상대방의 한계를

건드리는 것이다. 비단 부부 사이에서 뿐만이 아니다. 인간관계에서 자신이 가진 능력 이상의 어떤 것을 요구받을 때 대부분 좌절감과 절망을 느끼고 나아가 거부당했다는 느낌과 분노까지도 일어난다. 서로 사랑하는 부부 사이라면 그러한 부정적 감정을 더욱 극심하게 느낄 것이다.

흔히 남편이 잔소리를 하고 부인이 바가지를 긁는 내용을 보면 상대방의 약점이나 한계를 건드리는 내용이 많고 그런 내용으로 부부 싸움을 하다 보면 문제는 해결하지도 못한 채 서로 기분만 나빠지는 결과로 이어진다. 바로 결과가 없는 부부 싸움이다. 부부 싸움을 한다면 무언가 건설적이고 성장 지향적인 성과가 있어야 한다. 그런데 아무런 성과도 없이 결국 서로 기분만 나빠지는 결과로 이어진다면 그런 부부 싸움은 서로에 대한 화풀이에 불과하다. 사랑하는 사람을 화풀이 대상으로 삼는 것은 아무리 서로 친하고 믿는 마음을 가지고 있다 해도 삼가야 할 일이다.

나는 내담자들에게 부부 싸움을 할 때는 부부 싸움의 사안을 마치 세탁물을 분류하듯이 분류할 것을 권유하며 내가 만든 '부부 싸움 분류법'을 알려주곤 한다.

부부 싸움 분류법은 부부 싸움을 사안별로 분류해서 싸워서 해결 가능한 일과 싸워도 해결되지 않는 일로 구분하는 것이다. 이를 그림으로 그리면 다음과 같다.

<부부 싸움 분류법>

나 　　　 배우자	고칠 수 있다	고칠 수 없다
참을 수 있다	x	x
참을 수 없다	0	x

　　나는 부부 싸움 분류법을 두 가지 차원의 교차표를 가지고 만들었다. 교차표의 가로선은 '고칠 수 있다'와 '고칠 수 없다'의 두 측면인데 이는 배우자에 대한 것이다. 즉 배우자의 어떤 특성이나 행동에 대해서 판단할 때 고칠 수 있다고 생각되는 것과 도저히 고칠 수 없다고 생각되는 측면 두 가지로 분류한다.

　　교차표의 세로선은 자신에 대한 것이다. 자신에게 거슬려서 부부 싸움의 소지가 있는 배우자의 특정 행동이나 특성에 대해서 자신이 참을 수 있는가 없는가를 판단해본다. 이렇게 배우자에 관한 두 가지 측면(고칠 수 있다/ 고칠 수 없다)과 자신에 관한 두 가지 측면(참을 수 있다/ 참을 수 없다)을 가지고 교차표를 만들면 네 가지 경우의 수가 나온다.

　　첫 번째 경우는 배우자가 고칠 수 있고 자신도 참을 수 있는 경우이다. 이런 사안에 대해서는 부부 싸움이 일어나지 않는다. 배우자가 고치거나 자신이 참으면 되기 때문이다. 두 번째 경우는 배우자가 고칠 수 있고 자신은 참을 수 없는 경우이다. 부부 싸움은 이 두 번째 경우에 한해서 하는 것이 원칙이다. 그래야 결과가 있는 부부 싸움을 할 수 있다. 자신은 참을 수 없지만 배우자가 고칠 수 있다고 생각하는 부분에 대해 문제를 제기하면 배우자는 자신의 행동이나 반응을 변화시켜나갈 수 있기 때문이다.

세 번째 경우는 자신이 참을 수 있고 배우자가 고칠 수 없는 경우이다. 이 경우에도 자신이 참고 배우자를 수용하면 되니까 부부 싸움을 안 해도 된다. 문제는 네 번째 경우로 배우자가 고칠 수 없고 자신은 참을 수 없는 경우이다.

대부분의 부부 싸움은 네 번째 경우에 발생한다. 그러나 이런 사안에 대해 부부 싸움을 하게 되면 싸움은 꼬리에 꼬리를 물고 이어지는 소모전이 된다. 한쪽은 참을 수 없고 다른 한쪽은 고칠 수 없기 때문이다. 나는 이런 경우에는 절대로 부부 싸움을 하지 말아야 한다고 생각한다. 그보다는 한쪽 배우자가 참는 쪽으로 변화를 해나가는 것이 바람직하다. 참고 수용하는 것이 문제를 제기하며 싸우는 것보다 낫다.

그러나 배우자가 어떤 특정한 반응이나 행동을 고치는 것이 배우자의 인격적 성장을 위해서나 가족의 행복을 위해 꼭 필요하다면 참기보다는 배우자에게 문제 제기를 해야 한다. 예를 들면 지나친 음주나 잘못된 언어 습관 등 배우자가 고치기 힘들지만 건강상의 이유나 가족 관계의 성장을 위해 변화가 꼭 필요하다고 판단되는 경우에는 무조건 참기보다는 문제 제기를 해야 한다. 그 방법은 부부 싸움을 통한 문제 제기가 아니라 상담 등 전문적인 개입을 고려해보는 것이 좋다.

부부가 싸워서는 도저히 해결되지 않는 일도 제3자인 전문가의 개입을 통해 변화하고 성장할 수 있다. 따라서 부부 갈등 영역 중 자신은 참을 수 없고, 배우자는 고칠 수 없는 경우는 부부 싸움의 영역이 아니라 전문적인 상담이 필요한 부분이다.

부부 사이에 가장 큰 고통과 상처를 주는 일은 상대방의 한계를 건드리는 것이다. 비단 부부 사이에서 뿐만이 아니다. 인간관계에서 자신이 가진 능력 이상의 어떤 것을 요구받을 때 대부분 좌절감과 절망을 느끼고 나아가 거부당했다는 느낌과 분노까지도 일어난다. 서로 사랑하는 부부 사이라면 그러한 부정적 감정을 더욱 극심하게 느낄 것이다.

흔히 남편이 잔소리를 하고 부인이 바가지를 긁는 내용을 보면 상대방의 약점이나 한계를 건드리는 내용이 많고 그런 내용으로 부부 싸움을 하다 보면 문제는 해결하지도 못한 채 서로 기분만 나빠지는 결과로 이어진다. 바로 결과가 없는 부부 싸움이다. 부부 싸움을 한다면 무언가 건설적이고 성장 지향적인 성과가 있어야 한다. 그런데 아무런 성과도 없이 결국 서로 기분만 나빠지는 결과로 이어진다면 그런 부부 싸움은 서로에 대한 화풀이에 불과하다. 사랑하는 사람을 화풀이 대상으로 삼는 것은 아무리 서로 친하고 믿는 마음을 가지고 있다 해도 삼가야 할 일이다.

39

전략적으로 하는
부부 싸움

부부 싸움의 결과, 한쪽이 완전히 이기기보다는
함께 이길 수 있는 방법을 찾는 것이 좋다.

　부부 싸움도 싸움이다. 일상적인 방법으로 서로의 갈등이 해결되기 어려우면 부부간에도 싸움을 해야 한다. 그러나 폭발적인 감정으로 부부간의 긴장을 더욱 유발시키는 방식이 아니라 문제를 해결하기 위한 전략적 차원에서 싸움이 이루어져야 한다.

　전략적 차원에서 부부 싸움을 할 때 가장 먼저 지켜야 할 원칙은 시간과 장소를 가리는 것이다. 배가 고프거나 피곤할 때, 졸릴 때, 음주 후에는 싸움을 피해야 한다. 이럴 때 싸움을 하면 싸움은 극단화

된다. 대체로 부부 싸움 끝에 심각한 범죄를 일으켜 사회를 놀라게 하는 일들은 사안 자체가 심각한 경우도 없지는 않겠지만 그보다는 부적절한 시간, 부적절한 장소, 부적절한 상황에서 싸움을 하다가 일어나는 경우가 많다.

기본적으로 몸이 피곤하거나 아플 때에는 싸움을 피하는 것이 좋다. 술이 취한 상태에서도 마찬가지이다. 그럴 때에는 문제가 아무리 심각해도 해결할 능력이 없기 때문이다. 아내들은 싸울 일이 있으면 퇴근해서 들어온 남편이 최우선적으로 편히 쉬고 배불리 먹도록 해야 한다. 그래야 결과가 있는 부부 싸움을 할 수 있다.

남편에 대한 불만이 생겨 하루 종일 혼자서 화가 나 있다가 피곤하게 일하고 들어온 남편에게 저녁도 주지 않고 선전포고를 하는 경우가 종종 있는데 그건 반칙이다. 마찬가지로 남편들도 아내가 예민해져 있을 때 싸움을 걸지 않도록 해야 한다. 흔히 여자들은 임신과 출산 시에 남편이 섭섭하게 했던 것을 평생 기억한다고 하는데 바로 그때가 아내가 매우 예민해져 있는 시기이기 때문이다. 그럴 때 남편이 문제를 제기하여 부부 싸움을 하게 되면 평생 섭섭한 마음을 간직하게 된다.

부부 싸움의 장소도 잘 선택해야 한다. 예를 들어 시댁에서 부부 싸움을 한다고 가정해보라. 부모님 앞에서 아내에게 밀리는 모습을 보이기 싫은 남편은 싸움에 이기려고 극단적인 선택을 할 수도 있다. 처가 집에서 싸움을 하게 되면 아내는 친정 부모님 앞에서 자신이 남편에게 홀대받지 않고 산다는 것을 보여주기 위해 수단과 방법을 가리지 않고 이기려 할 것이 뻔하지 않는가.

자녀들 앞에서 부부 싸움을 하는 경우에도 비슷한 일이 벌어질 수 있다. 자녀 앞에서 지는 모습을 보여주기 싫어 더욱 강하게 자신의 정당성만을 주장할 수 있기 때문이다. 나아가 자녀들까지 부부 싸움에 개입시키며 아빠 편, 엄마 편을 만들어 집안을 쑥대밭으로 만들어버릴 수도 있다.

부부 사이에 문제가 되는 사안이 있으면 그 사안을 다룰 수 있는 적절한 시간과 장소를 선택해서 부부 두 사람이 문제해결을 하도록 노력해야 한다. 부부간에 다소 우스꽝스럽게 비칠 수도 있지만 '부부 싸움 예약제'를 도입해보는 것도 좋은 방법이다. 부부 싸움 예약제란 적절한 시간과 장소를 미리 약속해서 부부가 마치 정상회담을 하듯이 특정한 문제를 다루어보는 것이다. 친밀한 부부 사이에 익숙한 일은 아니겠지만 선택적으로 사용해보면 매우 효율적인 방법이다.

전략적 부부 싸움을 위한 두 번째 원칙은 싸움의 주제에 집중하는 것이다. 부부 상담을 하다 보면 논점이탈을 하는 부부가 굉장히 많다. 예를 들어 부부간에 특정 사안이 문제가 되어 싸우다가 상담하러 와서는 처음의 그 문제는 어디로 보내버리고 지엽적인 다른 문제들로 싸우는 경우가 많다. 그럴 때 상담자로서 내가 하는 일은 자꾸만 다른 방향으로 가려고 하는 부부 대화를 그들이 애당초 가지고 왔던 특정 문제의 방향으로 초점을 맞추어주는 것이다.

부부란 매우 친밀한 사이여서 부부 사이의 대화가 논리적으로 이루어지기보다는 감정적으로 이루어지기가 쉽다. 그래서 부부 싸움이 문제해결을 위한 대화의 장이 되기보다는 서로의 스트레스를 발산하는 감정 폭발의 장이 되어버려 문제해결은 하지 못한 채 서로 상처를 주는 말만 주고받는 경우가 많다. 그렇게 하다 보면 결국 과거 이야기를 들추게 되고 예전에 섭섭했던 일, 억울했던 일로 대화의 초점이 이동하면서 정작 부부 사이에 문제가 된 사안에 대해서는 아무런 결론도 내지 못하고 기분만 나빠지게 된다.

그럴 때 나는 내담자들에게 '지금 여기'에 집중하라는 상담의 원칙을 상기시키곤 한다. 부부가 함께 살아온 세월만큼 쌓였을 많은 문제들을 단번에 해결할 수는 없다. 그래서 지금 여기에서 해결 가능한 문제에 선택적으로 초점을 맞추어서 해결해나가도록 권유한다. '천리 길도 한 걸음부터'라는 속담처럼 쌓인 문제가 많더라도 지금 여기에서 풀 수 있는 작은 문제들부터 하나씩 풀어나가기 시작하면 부부가 함께 성장하면서 더 큰 문제들도 해결해나갈 수 있는 능력을 기를 수 있다.

전략적 부부 싸움을 위한 세 번째 원칙은 상대방이 아닌 문제 그 자체에 초점을 맞추는 것이다. 다시 말해 문제와 사람을 분리하는 작업을 먼저 하라는 것이다. 상대방이 어떤 문제행동을 했을 때 "당신은 나쁜 사람이야"라고 말하지 말고 "당신이 그런 나쁜 행동을 했다니 참 실망스럽다"고 표현하는 것이다. '나쁜 사람'과 '나쁜 행동을 한 사람'은 큰 차이가 있다. 나쁜 사람이라면 인격적으로 문제가 있는 사람이지만 나쁜 행동을 한 사람은 그 나쁜 행동만 교정될 수 있다면 좋은 사람이 될 수 있기 때문이다.

전략적 부부 싸움의 마지막 원칙은 이기려고 하지 말라는 것이다. 이기고 지는 것에는 항상 후유증이 따른다. 긴밀하고 지속적인 상호작용을 하는 부부 사이에서 한쪽이 완전히 잘못해서 부부 싸움에서 완전히 질 수밖에 없는 경우란 거의 없다고 봐도 무방하다. 교통사고에서도 중앙선침범 같은 한쪽의 완벽한 잘못은 드물게 일어나지 않는가. 대부분은 사고가 나면 양쪽이 조금씩은 과실이 있게 마련이다.

부부 싸움도 마찬가지이다. 따라서 부부 싸움의 결과, 한쪽이 완전히 이기기보다는 함께 이길 수 있는 방법을 찾는 것이 좋다. 누가 이기거나 졌다고 생각하기보다는 부부가 협력하여 더 좋은 결과를 이끌어냈다고 생각할 수 있도록 서로 협상하고 양보하는 자세가 필요하다.

40

문제해결은
조금씩, 꾸준하게

───

부부 싸움을 하고 싶을 정도로 너무나 화가 나면 일단
타임아웃을 하고 마음을 진정시켜야 한다.

부부가 같이 살면서 갈등이 없을 수는 없다. 부부 싸움은 사랑싸움이라는 말이 있듯이 부부는 서로 사랑하고 서로 밀접하게 연결되어 있기 때문에 싸울 수밖에 없다. 그러나 마치 전쟁처럼 치열하게 상호 비난하며 이기기 위한 싸움을 하면 상처를 받게 되고 때로는 사랑이 식기도 한다.

앞서 '부부 싸움 분류법'에서 다루었듯이 부부 싸움은 결과가 있는 싸움을 위해서 선택적으로 이루어져야 한다. 혹자는 어떻게 부부 싸움을 선택적으로 하느냐고 되물을 것이다. 너무나 친밀한 사이인데 마음에 안 들어 화가 나고 울화가 치미는 것을 어떻게 이성적으로 판단하고 통제하느냐는 말이다. 그러나 가까운 사이일수록 예의를 지켜야 한다. 왜냐하면 가까운 사이일수록 상처를 더 깊이 받기 때문이다.

그래서 부부 싸움을 하고 싶을 정도로 너무나 화가 나면 일단 타임아웃을 하고 마음을 진정시켜야 한다. 타임아웃은 분노 조절의 기본 기술인데 너무나 화가 나서 분노를 다스리기 힘들 경우, 분노를 일으킨 상대가 보이지 않고 상대방의 소리가 들리지 않는 곳에서 30분 이상 마음을 다스린 후, 다시 상대방을 만나는 방법이다. 그렇게 하면 자신의 화가 상대방에게 여과 없이 직선적으로 전달될 때 나타나는 독소를 줄일 수 있다.

나는 부부 싸움을 심하게 하고 상담하러 오는 내담자들에게 우선적으로 '타임아웃 계약서'를 쓰게 하는데 타임아웃 계약서에는 부부 중 한쪽이 너무 화가 나서 타임아웃 시간이 필요하다고 생각되는 경우 타임아웃을 선언할 수 있고, 그럴 때 다른 쪽 배우자는 타임아웃 상황을 받아들이겠다는 내용을 적는다. 그 이외에 부부가 서로 분노가 극에 달하는 때에 배우자에게 바라는 것을 합의하여 자유롭게 적어도 된다.

타임아웃 시간도 자유롭게 정할 수 있다. 심하게 싸우고 상담을 받으러온 내담자 남편이 타임아웃 계약서를 쓰면서 최소 3~4시간의 타임아웃 시간을 주도록 부인에게 요구하는 것을 보았다. 그 부인은 3~4시간은 너무 길다고 주장했지만 남편이 자신은 일단 화가 나면 적어도 3~4시간 동안 혼자 내버려두기를 바라며 그 시간 이내에 부인이 화해하려고 대화를 시도하면 더욱 분노가 치민다고 고백했다. 남편이 화를 다스릴 수 있는 충분한 시간을 준다는 의미로 상담자인 나의 중재 하에 그 부부의 타임아웃 시간을 4시간으로 정했다.

더불어 나는 타임아웃계약서를 쓸 때에 타임아웃 시간 동안 술을 마신다던가 하는 문제 행동을 하지 않을 것을 추가로 쓰게 한다. 경우에 따라서는 친정이나 본가로 달려가서 부부 문제를 집안 전체의 문제로 확대하지 않을 것을 약속하게 하기도 한다. 부부 싸움만 하면 술을 심하게 마셔서 문제를 일으키거나 친정이나 본가로 가서 배우자를 흉보는 등의 행동을 해서 부부 싸움이 사돈 간 갈등으로 이어지게 하는 철없는 부부들도 있기 때문이다.

가장 중요한 것은 분노가 심하게 일어나는 상황에서 타임아웃이라는 방법을 사용하겠다는 약속이다. 대체로 부부가 심하게 다투다가 한쪽이 너무 화가 나서 그 자리를 피하려고 해도 다른 한쪽의 배우자가 놓아주지 않아 그 자리를 떠나지 못한 채 극단적인 부부 싸움을 하는 경우가 많다.

결혼 생활에 문제를 느낄 때에 먼저 타임아웃을 하고 생각과 감정을 정리한 후에 대처하면 훨씬 효율적으로 문제를 다룰 수 있다. 타임아웃을 통해 마음을 정리하는 시간을 가지면 '부부 싸움 분류법'의 적용이 쉬워진다. 그 순간에는 도저히 참을 수 없는 분노가 치밀어 올랐던 일들이 타임아웃을 하면서 생각해보면 별것 아닌 것처럼 느껴져 참아줄 수도 있다.

그러나 마음을 진정한 다음에 다시 생각해도 문제가 되는 사안이라면 그 사안을 선택적으로, 그리고 집중적으로 다루어야 한다. 모든 질병이 그렇듯이 초기에 다루면 큰 문제가 되지 않는 것도 시간을 두고 지속되어 고질화되면 고치기 어렵게 된다. 특정 사안이 부부 사이에 지속적으로 문제가 되면 두 사람 사이의 충분한 대화로 풀어나가야 하는데 이때 단번에 문제를 해결하려 하지 말고 조금씩 시간을 두고 꾸준히 문제를 풀어나가는 태도가 중요하다.

쇠뿔도 단숨에 빼라고 했다고 단숨에 문제를 해결하려고 하다 보면 부부 각자가 너무 힘들고 상처도 많이 받는다. 이럴 때는 전문적인 상담자의 도움을 구해보라. 부부 사이에 지속적으로 문제가 되는 사안의 경우, 부부간 대화만으로는 해결되기 어려울 때가 많다.

타임아웃을 하면서 배우자에 대해 참아주기로 작정하고 문제 제기를 하지 않기로 결정한 경우에도 여러 상황이 발생한다. 참는다는 것과 이해하고 수용하는 것은 다르기 때문에 참아주는 대신 삐지거나 수동적 공격을 하거나 시위나 냉전도 많이 한다. 배우자가 적극적으로 문제를 제기하지는 않지만 삐지거나 다른 사안을 빗대서 수동적 공격을 할 때, 그 역시 부부 싸움이 지속되는 것이라고 볼 수 있다. 어쩌면 소리치고 싸우는 것보다 더 큰 스트레스를 받을 수도 있다.

겉으로는 참으면서 말을 안 하고 버티는 냉전도 부부가 많이 사용하는 방식이다. 내가 만난 내담자 중에는 남편이 화가 나면 말을 안 하고 냉전 상태로 버티는데 9개월까지도 말을 하지 않고 지낸 적이 있다고 말하는 부인도 있었다. 결국 그 부인은 우울증에 걸려 우울증 치료와 함께 지속적인 부부 상담을 받았다.

시위도 부부 싸움에 많이 사용되는 방식이다. 가장 흔히 사용되는 시위 방식으로는 화가 나서 밥을 안 먹거나 하루 종일 아무것도 안 하고 누워 있거나 하는 것이다. 이 역시 큰소리는 안 나지만 부부 모두를 심리적으로 매우 괴롭히는 일이다.

따라서 참을 수 있는 사안이라고 하더라도 단지 참고 분노를 억누를 뿐 상대방에 대한 이해와 수용의 단계까지 가지 못하면 삐지기와 수동적 공격, 냉전이나 시위 등의 형태로 부부 싸움이 지속되고 있다고 볼 수 있다.

따라서 이런 경우에는 억지로 참기보다는 참을 수 없다고 결론을 내리고 건강한 방식으로 문제 제기를 해서 부부간에 문제를 해결하는 것이 좋다. 만약 부부 사이에 건강한 방식으로 문제를 해결하기 어렵다면 전문적인 상담을 받아야 한다. 예전에는 부부 상담이나 가족 상담을 무슨 큰 문제가 있는 사람들만 받는 것으로 오해했지만 상담은 건강한 가정생활을 이루어나가기 위해 꼭 필요한 전문적 개입이다.

부부 사이에 문제해결이 어려워서 전문가의 상담을 받을 때에는 부부가 함께 상담을 받는 것이 효과적이다. 그러나 상담을 받자고 하면 자기는 잘못이 없어 상담받을 필요가 없다고 주장하며 상담을 거부하는 배우자도 있다.

그럴 때는 혼자서라도 상담을 받으며 전문가의 도움을 통해 부부 관계를 개선하려는 노력을 하는 것이 좋다. 혼자서 상담을 받으며 노력하고 변화되는 모습을 보고 뒤늦게 부부 상담에 응해서 관계가 개선되는 경우도 많다.

한편 자신을 힘들게 하는 배우자의 어떤 행동이나 반응 양식에 대해 문제를 제기하지 않고 참기로 결정하는 경우 중, 가장 바람직한 경우는 배우자에 대한 사랑이 참는 행동의 동인이 되는 경우이다. 배우자를 사랑하기 때문에 배우자의 한계를 인정하고 이해하고 수용하는 것이다.

성경에도 사랑은 오래 참는다고 하지 않았는가. 사랑으로 배우자를 이해하고 그(그녀)의 약점을 수용하며 한계를 받아들여 그 부분에 대한 문제를 제기하지 않는 것은 사랑 아니면 할 수 없는 일이다.

요약하면 부부간 문제해결 능력을 키우기 위해 필요한 것은 문제의 선택과 집중, 부부간 솔직한 대화, 필요한 부분에 대한 전문적인 상담적 개입, 그리고 사랑이다.

부부 싸움을 하고 싶을 정도로 너무나 화가 나면 일단 타임아웃을 하고 마음을 진정시켜야 한다. 타임아웃은 분노 조절의 기본 기술인데 너무나 화가 나서 분노를 다스리기 힘들 경우, 분노를 일으킨 상대가 보이지 않고 상대방의 소리가 들리지 않는 곳에서 30분 이상 마음을 다스린 후, 다시 상대방을 만나는 방법이다. 그렇게 하면 자신의 화가 상대방에게 여과 없이 직선적으로 전달될 때 나타나는 독소를 줄일 수 있다.

그러나 마음을 진정한 다음에 다시 생각해도 문제가 되는 사안이라면 그 사안을 선택적으로, 그리고 집중적으로 다루어야 한다. 모든 질병이 그렇듯이 초기에 다루면 큰 문제가 되지 않는 것도 시간을 두고 지속되어 고질화되면 고치기 어렵게 된다. 특정 사안이 부부 사이에 지속적으로 문제가 되면 두 사람 사이의 충분한 대화로 풀어나가야 하는데 이때 단번에 문제를 해결하려 하지 말고 조금씩 시간을 두고 꾸준히 문제를 풀어나가는 태도가 중요하다.

쇠뿔도 단숨에 빼라고 했다고 단숨에 문제를 해결하려고 하다 보면 부부 각자가 너무 힘들고 상처도 많이 받는다. 이럴 때는 전문적인 상담자의 도움을 구해보라. 부부 사이에 지속적으로 문제가 되는 사안의 경우, 부부간 대화만으로는 해결되기 어려울 때가 많다.

6

결혼에도 공부가
필요하다

지금까지 만남에서 결혼, 배우자 선택, 사랑, 그리고 결혼 생활에 필요한
세 가지 핵심 기술인 사랑하기, 대화하기, 싸우기에 대해 살펴보았다.
이제 마지막으로 결혼 생활을 이끌어가는 기본 개념들을 알아보자.
아무리 좋은 정보와 기술을 가지고 있다고 하더라도 결혼 생활에 대한 기본 개념이
체계적으로 정립되어 있지 않으면 건강한 결혼 생활을 할 수 없다.
결혼 생활에는 두 사람만 관련되어 있는 것이 아니므로
과거의 영향에서부터 현재 두 사람을 둘러싸고 있는 전반적인 가족 및
사회체계까지 매우 복합적인 상황과 요인의 영향을 받는다.
서로를 이해하고 조화로운 삶으로 이끄는 원칙들을 열 가지로 정리했다.

41

원가족 경험을
이해하라

원가족을 통해 어린 시절 형성된 원가족 경험은
그 사람의 전반적인 인성에 절대적인 영향을 미친다.

결혼과 가족을 이해하는 가장 기초적인 개념은 원가족 개념이다. 가족의 형태는 매우 다양하지만 시대와 문화를 초월해서 존재하는 두 가지 형태의 가족이 있다. 바로 원가족原家族과 생식가족生殖家族이다. 자신이 태어나 자란 가족을 원가족이라고 하고 결혼해서 새로 형성하는 가족을 생식가족이라고 한다. 원가족과 생식가족에 대한 이해만 확실히 해도 가족을 이루어나가는 데 큰 도움이 된다.

원가족은 쉽게 말하면 원산지 개념이다. 요즘은 식품의 원산지표시를 의무화하고 있다. 과일 같은 것은 재배농가의 표시와 함께 재배자 이름까지 표기되어 있기도 하다. 수입산이냐 국내산이냐는 가격을 결정하는 중요한 요인이다. 사람도 원산지가 참 중요하다. "어떤 가정에서 태어나 자랐느냐"는 것은 그 사람을 이해하는 데 가장 기초적인 자료가 된다. 성격, 가치관, 반응 양식 등 사회심리적 요인에서부터 유전형질 등 생물학적 특징까지도 원가족을 통해 알 수 있다. 원가족을 통해 어린 시절 형성된 원가족 경험은 그 사람의 전반적인 인성에 절대적인 영향을 미친다.

나는 직업상 가정 폭력 행위자와 피해자를 많이 만나는데 가정에서 폭력을 행사하는 데에는 많은 원인이 있지만 어린 시절 경험한 가정 폭력이 결혼 후에도 이어지는 경우가 정말로 많다. 바로 원가족 경험이다. 흔히 가정 폭력은 음주 문제와 동반하여 나타난다. 음주 문제를 가진 사람의 경험을 들어보면 어릴 적에 아버지가 술을 과도하게 마시거나 술주정을 하고 술을 먹고 폭력을 휘두른 경우가 많았다. 어렸을 때는 그런 아버지를 미워하지만 성장하면서 자신도 모르게 아버지와 똑같은 행동을 하고 있는 자신을 발견하는 것이다. 원가족 경험은 그렇게 중요하다. 나는 자기 자신을 알기 위해 먼저 자신의 원가족을 객관적으로 살펴보도록 권하고 싶다.

대학에서 '결혼과 가족'이라는 교양과목을 가르칠 때 나는 항상 '나와 나의 가족'이라는 제목의 리포트를 첫 번째 과제로 내주곤 했다. 사람들은 대부분 가족을 자기 자신과 동일시하기 때문에 가족에 대해 글을 써오라고 하면 주로 자랑만 늘어놓기도 한다. 특히 부모님에 대해서 "그냥 매우 훌륭한 분"이라고 간단하게 쓴다. 그래서 나는 리포트를 내줄 때마다 두 가지 주문을 하곤 했다. 하나는 가족의 강점과 약점을 구분하여 쓰라는 것이고 또 하나는 부모님에 대해 쓸 때 내가 닮고 싶은 부모님의 모습과 결코 닮고 싶지 않은 부모님의 모습을 구분하여 쓰라는 주문이다. 그 두 가지 주문은 마치 자아비판 같아서 어떤 학생들은 힘들어하기도 했다. 누구나 자신의 약한 부분이나 추한 부분에 직면하기를 싫어하니까.

그러나 자신을 잘 알고 더 성장해나가기 위해 때로는 바라보기 싫은 자신의 약점을 정면으로 직시해야 할 때가 있다. 가족도 마찬가지다. 완벽한 가족은 없으므로 모든 가족에는 나름의 강점과 약점이 있다. 가족의 약점을 대물림하고 되풀이하지 않기 위해서 먼저 자신의 원가족의 약점을 파악해야 한다. 만약 가정 폭력 행위자가 일찌감치 자신의 원가족 경험이 가질 수 있는 문제점을 객관적으로 파악했다면 그는 결코 가정 폭력을 대물림하지는 않았을 것이다. 분노 조절 훈련과 대화법 훈련만으로도 가정 폭력은 상당 부분 예방될 수 있기 때문이다.

원가족 경험에 대한 이해는 자신을 이해하기 위해서만 필요한 것이 아니다. 배우자를 선택할 때 배우자의 원가족에 대한 이해는 매우 중요하다. 요즘은 연애결혼을 선호하다 보니 가정 배경을 따지는 것은 고리타분한 일이라고 생각하고 당사자만 보려는 경향도 있다. 그러나 원가족 경험을 이해하기 위해 배우자의 가정 배경을 알아보는 일은 중요하다. 배우자의 부모는 어떤 분인지, 배우자 가족의 가족 관계에는 어떤 특징이 있는지를 알아봐야 한다. 원가족 경험을 떠난 개인이란 있을 수 없고 개인의 원가족 경험은 그가 결혼해 이루어가는 생식가족 속에 고스란히 반영되어 나타나기 때문이다.

원가족은 쉽게 말하면 원산지 개념이다. 요즘은 식품의 원산지표시를 의무화하고 있다. 과일 같은 것은 재배농가의 표시와 함께 재배자 이름까지 표기되어 있기도 하다. 수입산이냐 국내산이냐는 가격을 결정하는 중요한 요인이다. 사람도 원산지가 참 중요하다. "어떤 가정에서 태어나 자랐느냐"는 것은 그 사람을 이해하는 데 가장 기초적인 자료가 된다. 성격, 가치관, 반응 양식 등 사회심리적 요인에서부터 유전형질 등 생물학적 특징까지도 원가족을 통해 알 수 있다. 원가족을 통해 어린 시절 형성된 원가족 경험은 그 사람의 전반적인 인성에 절대적인 영향을 미친다.

42

영향력의
수레바퀴를 그려라

영향력의 수레바퀴를 그리다 보면 그 사람의 꿈과 좌절,
기대와 열망 등을 알 수 있고 나아가서는 그 사람을 지배하고 있는
사고체계도 알 수 있다.

사티어 가족치료 기법 중에 '영향력의 수레바퀴 기법'이 있다. 어
린 시절 최초의 기억들을 10개 정도 찾아내어 그 기억 속에서 자신
이 경험한 것이 무엇인지를 알아내는 기법이다. 부모님, 조부모님,
형제, 이웃 등 기억 속에 등장하는 사람들의 영향력이 현재의 삶에
도 영향을 미치기 때문이다. 사티어는 가족, 친척들, 학교 선생님들,
이웃들, 심지어는 애완동물과 연예인, 영화나 소설 속의 주인공조차
도 우리의 삶에 많은 영향을 미친다고 주장한다.

사티어의 주장대로 애완동물이나 연예인의 영향력까지 따지지는 못하더라도 한 개인이 성장하는 데 영향을 미친 사람들에 대한 이해는 꼭 필요하다. 왜냐하면 우리는 흔히 두 사람의 성인 남녀가 결혼 생활을 영위한다고 생각하지만 실제 결혼 생활에서는 성인인 배우자 사이에서 어린 시절 경험했던 영향력의 수레바퀴가 여전히 돌아가고 있기 때문이다.

사티어 가족치료에서 영향력의 수레바퀴를 작성할 때에는 뚜렷하게 기억나는 사건이나 사람들을 떠올리게 한다. 이때 아래의 그림처럼 자신의 이름을 중앙에 있는 원 안에 적고 다른 사람들은 마치 바퀴살이 달려 있는 수레바퀴처럼 원 주위를 돌아가면서 표시하게 한다. 이런 과정을 통해 어린 시절의 충격적 경험이나 미해결 과제 등을 찾아가면서 내면의 상처들을 치료하게 된다.

〈현재의 나를 만든 영향력의 수레바퀴〉

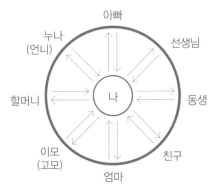

나는 결혼할 연인들이 분위기 있는 카페에 앉아 영향력의 수레바퀴를 함께 그려본다면 어떨까 하는 생각을 해본다. 서로를 깊이 이해하고 심도 있게 사랑하기 위해 상대방의 성장 과정에 영향을 준 사람들이나 사건들에 대해 이야기를 나눠보자. 영향력의 수레바퀴를 그리다 보면 그 사람의 꿈과 좌절, 기대와 열망 등을 알 수 있고 나아가서는 그 사람을 지배하고 있는 사고체계도 알 수 있다. 겉모습만 아니라 내면의 모습도 볼 수 있는 매우 좋은 방법이 영향력의 수레바퀴 그리기이다.

영향력의 수레바퀴를 그리는 데 무슨 특정한 원칙을 지킬 필요는 없다. 바퀴살의 수도 제한이 없다. 두개의 바퀴살을 가진 수레바퀴로 그려도 되고 열개가 넘는 바퀴살을 가진 수레바퀴로 그려도 된다. 그렇게 함께 영향력의 수레바퀴를 그리면서 자신과 배우자에 대한 이해의 폭을 넓히면 결혼 생활 적응이 훨씬 수월해진다.

우리가 좋아하든 싫어하든 우리는 어렸을 적의 기억을 지닌 채 살아간다. 그래서 그때의 기억 속에 남아 있는 어린아이 같은 면과 과거 어린 시절의 기억을 잊고 현재에만 집착해서 살아가는 성인이라는 면을 동시에 지닌다. 특별히 감정적으로 긴밀히 연결되어 있는 부부 관계에서 배우자의 어릴 적 경험이 녹아 있는 영향력의 수레바퀴는 매우 중요한 역할을 한다. 따라서 자기 자신과 배우자의 어린 시절의 경험을 이해하지 못하고는 결혼 생활을 성공적으로 이끌어나가기 어렵다.

우리 모두에게는 성인이 된 이후에도 자신의 생활 속에 남아서 그대로 지속되는 지난날의 '어린아이'가 있다. 예를 들어 아버지 없이 자란 여자아이는 어린 시절, 아버지가 부재한 기억 때문에 성인이 된 후 남편에게서 아버지 같은 보살핌을 갈구함으로써 남편에게 심한 정신적 부담을 줄 수도 있다. 만약 남편이 부성의 결핍이라는 상처를 가진 부인의 마음을 이해하지 못한다면 그는 부담스런 결혼 생활을 하루라도 빨리 끝내려 할 것이다.

정도의 차이는 있지만 우리 모두는 어린 시절의 상처를 가지고 결혼 생활에 임한다. 그 형태나 양상은 각 개인마다 독특하지만 우리 모두 성공적인 결혼 생활을 하기 위해서는 자신과 배우자에게 영향을 미친 사람들이나 사건들에 대한 깊은 이해가 있어야 한다. 실제로 서로 애정을 가진 부부들은 '영향력의 수레바퀴'라는 용어를 알지도 못하지만 이미 배우자의 영향력의 수레바퀴를 깊이 파악하고 있는 경우를 흔히 볼 수 있다. 배우자가 이해할 수 없는 행동을 할 때, 우리는 그 행동에 투영된 배우자의 어린 시절 사건이나 사람을 찾음으로써 그를 이해할 수 있고 나아가 상대 배우자를 깨우쳐주고 변화시킬 수도 있다.

또한 우리 자신이 배우자에 대해 극심한 갈등을 느낄 때에도 그 갈등을 주도하고 있는 것이 우리 자신 내부에 숨어 있는 성정 과정에서의 경험이나 상처 때문이 아닌지 곰곰이 생각해보아야 한다. 이렇듯 어렸을 때의 경험은 어른이 된 후에도 마음속에 그대로 남아 영향력의 수레바퀴라는 형태로 결혼 생활에 영향을 미친다. 부부간에 성장하면서 겪은 경험이 너무 다를 경우에는 부부 사이에 서로 이해할 수 없는 강물이 흐른다. 서로 다르다는 것은 때로 매력이 되기도 하지만 상호 이해가 어려울 정도로 다르게 되면 결혼 생활 적응 자체가 어려워질 수 있다. 따라서 배우자에게 영향을 미친 영향력의 수레바퀴에 대한 이해는 결혼 생활 적응에 필수적이다. 부부가 결혼해서 독립해도 여전히 부부는 각자 자신이 살아온 생활 경험의 토대 위에서 결혼 생활을 시작하기 때문이다.

우리는 어렸을 적의 기억을 지닌 채 살아간다. 그래서 그때의 기억 속에 남아 있는 어린아이 같은 면과 과거 어린 시절의 기억을 잊고 현재에만 집착해서 살아가는 성인이라는 면을 동시에 지닌다. 특별히 감정적으로 긴밀히 연결되어 있는 부부 관계에서 배우자의 어릴 적 경험이 녹아 있는 영향력의 수레바퀴는 매우 중요한 역할을 한다.

43

스스로 하는
가정교육

❦

자신의 가정에서 배우지 못한 것들을
우리는 스스로 배워야 한다.

우리가 태어나 자란 가족인 원가족이 우리의 삶에 미치는 영향은 가히 위력적이다. 사람들이 우스갯말로 하듯이 결혼을 하거나 부모가 되기 위해서는 시험 같은 것을 치르지 않아도 되기 때문에 부부역할이나 부모 역할에 대한 준비가 전혀 안 되어 있는 사람들도 결혼을 하고 부모가 된다. 준비도 노력도 없이 가족을 이룬 사람들은 부부간에 갈등이 많아도 해결할 능력이 없고 부모 역할도 잘 하지 못하기 때문에 그러한 가정에서 태어나 자란 아이들은 성장하면서 많은 상처를 받게 된다.

애석하게도 그런 아이들은 학교나 사회에서도 '가정교육을 제대로 받지 못한 아이'로 취급되기 쉽다. 부모의 부당한 대우로 인해 어른에 대한 신뢰가 부족하여 반항적인 태도를 가지기 쉬워서 조직사회에 편안하게 적응하지 못하기 때문이다. 더 안타까운 일은 그들의 결혼 생활도 순탄치 못할 가능성이 있다는 것이다. 결혼과 가족에 관련된 교육은 공교육보다는 가정교육을 통해 주로 이뤄지기 때문에 불행한 가족에서 태어나 자란 사람들은 가정을 잘 이끌어가기 위해 필요한 자질들을 습득하지 못한다. 도리어 부부간이나 부모 자녀 간에 갈등이 있을 때 극단적인 감정 표현으로 서로에게 상처를 주며 상대방을 공격하고 자신을 방어하며 사태의 본질을 파악하기보다는 자신이 유리한 위치를 차지하기 위해 진실을 왜곡하는 등 잘못된 습관을 가지기 쉽다.

가정교육이란 교과과정을 따라 이뤄지는 정규적 교육이기보다는 관찰과 모방을 통해 이뤄지는 무의식적 학습 과정이기 때문에 오랜 시간 불행한 가족 속에 살다 보면 자신도 모르게 그 가정의 잘못된 행동 습관을 배우게 되고 나아가 잘못된 가족 가치관마저 내면화시키게 된다. 그래서 원가족뿐 아니라 결혼하여 이루는 생식가족에서도 불행한 가족 관계를 지속하게 되는 이중의 어려움을 겪게 된다. 누구나 행복한 가정에서 태어나 자라는 것은 아니기 때문에 잘

못되고 왜곡된 원가족 경험을 극복하는 것이 불행한 가족을 대물림하지 않는 지름길이다. 행복한 가정이라고 해도 모두 바람직한 가정을 이루고 있는 것은 아니므로 모든 가정에는 나름의 약점과 문제점이 있다. 부모도 사람이고 어느 가정도 완벽할 수는 없다.

따라서 한 가족 안에서 모든 것을 배울 수는 없다. 자신의 가정에서 배우지 못한 것들을 우리는 스스로 배워야 한다. 이것을 나는 '스스로 하는 가정교육'이라 부른다. 행복한 가정이라고 해도 완벽한 가정은 아니기 때문에 우리는 가정이라는 사적 공간에서 잘못된 습관이나 가치관을 익힐 수 있다. 그것을 보다 객관적이고 과학적인 사실에 근거해서 바로 잡는 것은 미래의 더욱 행복한 가정생활을 위해 꼭 해야 할 일이고 불행한 가정에서 태어나 자란 사람에게는 더더욱 필요한 것이 스스로 하는 가정교육이다.

스스로 하는 가정교육의 출발점은 원가족에 대한 주관적 시각을 탈피하는 것이다. 서로 다른 가족 배경을 가진 두 사람이 결혼하여 살아가는 과정에서 원가족에 대한 객관적 이해는 건강하고 행복한 가정을 이뤄나가기 위해 필요한 기본적 요소다. 자신이 태어난 가족의 강점과 약점을 객관적으로 파악함으로써 부족한 부분을 보완해 나가는 것이 스스로 하는 가정교육의 시작이다.

우리나라는 유교적 효의 전통이 강해 부모를 존경해야 한다는 의식이 강해서 자신을 낳아준 부모나 자기가 태어나 자란 가족에 대해 객관적인 시각을 가지기가 어렵다. 그러다 보면 자신의 원가족이 안고 있는 약점을 파악하기가 쉽지 않아 원가족 체계의 약점을 대물림하기 쉽다. 성인이 되어 결혼을 하고 행복한 가족을 이루는 것 자체가 부모에게 효도하는 것일진대 행복하고 건강한 가족을 이루어나가기 위해 자신의 원가족에 대한 객관적 시각을 가지는 것을 당연하게 여겨야 한다. 마치 육체적 건강을 지키기 위해서 자신의 체질이나 유전적 질병의 유무를 알아야 하듯이 가족의 행복을 지키기 위해서 자신이 태어나 자란 가족의 약점과 강점을 파악해야 한다.

누구나 행복한 가정에서 태어나 자라는 것은 아니기 때문에 잘못되고 왜곡된 원가족 경험을 극복하는 것이 불행한 가족을 대물림하지 않는 지름길이다. 행복한 가정이라고 해도 모두 바람직한 가정을 이루고 있는 것은 아니므로 모든 가정에는 나름의 약점과 문제점이 있다. 부모도 사람이고 어느 가정도 완벽할 수는 없다.

따라서 한 가족 안에서 모든 것을 배울 수는 없다. 자신의 가정에서 배우지 못한 것들을 우리는 스스로 배워야 한다. 이것을 나는 '스스로 하는 가정교육'이라 부른다.

44

스위트 홈의
신화

남녀 차이와 인간발달 단계에 대한
기본적인 이해가 필요하다.

흔히 말하는 '스위트 홈의 신화'가 있다. 가족은 무조건 스위트홈
인 줄로 착각하는 사람들이 가지는 믿음이다. 그러나 스위트홈은 신
화일 뿐 가족은 결코 달콤하지 않고 서로에게 고통을 주는 존재가
되기도 한다. 왜일까?

물론 여러 가지 요인들이 있겠지만 내가 생각하기에는 '믿거니'
하는 마음 때문인 것 같다. 혈연이나 혼인으로 이어진 가족이기에
노력하지 않아도 자연발생적으로 사랑할 수 있을 것이라는 천진한

믿음 때문이다. 사랑해서 결혼하고 서로의 유전자를 공유하는 자녀를 낳았다고 해서 모두 동질적인가? 그래서 이심전심으로 그냥 이해할 수 있을까?

가족은 남자와 여자, 그리고 세대와 연령을 달리하는 사람들로 구성된다. 따라서 남자와 여자의 차이에 대한 이해, 그리고 세대나 연령 차이, 역사적 경험의 차이 등에서 오는 다양한 차이에 대해 이해하지 못하는 사람들은 서로 대화가 단절될 수밖에 없다. 가족은 동질적인 집단이 아니고 서로 다른 특성을 가진 구성원들이 모여 이루는 이질적인 집단이다. 서로 다르기 때문에 서로 이해하기 위해 노력해야 하고 그렇게 하기 위해서는 적어도 남녀 차이와 인간발달 단계에 대한 기본적인 이해가 필요하다.

가족에는 정년이 없다. 아이들은 크고 어른들은 나이 들며 늙어간다. 이 모든 과정을 함께 하며 가족애를 이어나가는 일이 결코 쉬운 일은 아니다. 이 시대 많은 가족들이 그래도 깨지지 않고 유지되는 것을 보면 참으로 경이로울 정도다. 식당에서 가족이 함께 식사하는 모습을 보면 참 다양하다. 어린 아이들을 데리고 식사하는 젊은 부부들은 대체로 아이를 중심으로 다정히 이야기하며 웃고 떠들고 즐겁게 식사한다. 아이가 조금 커서 사춘기가 되면 아이들은 부루퉁해서 무언가 불만스러운 모습으로 식사를 하거나 때로는 가족 간에 다투는 모습을 보이기도 한다.

아마도 공부하기 싫어하는 아이와 공부하라고 요구하는 부모와의 대립 같은 것이거나 형제간의 싸움, 혹은 용돈이 부족하다고 투덜대는 아이와 부족한 대로 아껴쓰라는 부모의 입장이 대립되기도 할 것이다. 중년기 자녀와 노부모가 함께 식사하는 모습은 또 어떤가.

나는 언젠가 식당에서 사십대 후반으로 보이는 아들이 노부모와 함께 식사하는 모습을 본 적이 있다. 그들은 식사하는 내내 아무런 말도 하지 않았다. 마치 어떤 중요한 의식을 치르듯이 식사에 집중하다가 식사가 끝나자 아들은 식대를 지불하러 휑하니 자리에서 일어나 나갔고 노부모는 구부정한 모습으로 아들 뒤를 따라 나갔다. 가족이기에 한 끼 밥을 같이 먹는 것이지만 함께 먹는 밥 한 끼에도 가족 관계의 밀도가 다르다. 아마 남이라면 한마디 말도 없이 함께 식사를 하지는 않았을 것이다.

명절이나 생일날 함께 만나 밥을 같이 먹고 난 후에 온가족이 텔레비전을 향하여 나란히 앉아 있는 가족도 많다. 마치 밥 먹는 것이 이 세상에서 가장 중요한 일인 것처럼 밥상을 차려 식사를 한 후에는 서로 할 말이 없어 텔레비전만 보는 것이다.

가족은 공통의 화제가 없어 대화가 안 되고 서로 이해하지 못해도 관계가 단절되지 않는다. 서로 이해하지 못하고 대화가 단절된 상태에서도 가족은 유지되는데 그것을 흔히 '빈 껍질 가족'이라고 부른다. 더 이상의 애정적 소통은 없지만 상호 필요에 의해 껍데기만 유지되는 가족이다.

아마도 깨지지 않고 유지되는 가족 중에는 의외로 빈 껍질 가족이 많을 것이다. 때로는 체면 때문에, 때로는 경제적 이유로, 때로는 증오나 분노라는 부정적 에너지에 의해 가족이 유지되기도 하는데 이는 사실 불행한 일이다. 그들이 왜 빈 껍질 가족이 되었을까를 생각해보면 원인은 간단하다. 부단히 변화하는 가족구성원들의 인생 주기 단계 어디에선가 그들은 서로를 이해하지 못하고 가족 사랑의 핵심을 놓쳐버린 것이다. 착하고 예쁘기만 하던 아이가 맞이한 사춘기 반항을 힘들어 하다가 혹은 가정밖에 모르던 엄마가 갱년기와 빈 둥지 시기를 겪으며 우울증에 빠진 모습에서, 직장에서 열심히 일하던 아버지가 겪은 조기 퇴직의 현장에서 가족은 서로를 놓쳐버렸는지도 모른다.

가족이 진정 가족일 수 있으려면 다양한 인생의 주기를 함께 겪어나가는 사람들로서 최소한의 인간에 대한 이해와 예의가 있어야 한다. 그리고 거기에는 따뜻한 감성뿐 아니라 차가운 이성도 필요하다. 이해가 전제되지 않는 사랑이란 아름다운 것이지만 힘든 작업이고 힘든 작업임에도 불구하고 상호 소통 되지 못하는 아픔을 동반하기 때문이다.

45

인간과 가족의
발달 단계에 대한 이해

한 가족 속에 다양한 인간발달 단계에 놓인 가족원들이 함께 살아가야
하는 것은 때로 극심한 갈등을 초래하기도 한다.

인간은 머물러 있는 존재가 아니다. 어린아이는 떼를 쓰는 모습
조차 귀엽다. 그러나 아무리 귀엽고 예쁘다 해도 어린티를 벗고 언
젠가는 어른이 되어야 한다. 만약 어른이 되어서도 어리광을 부리고
떼를 쓴다면 과연 그 모습이 귀여울까? 인간은 발달하는 존재이다.
연애와 결혼이 청년기에 이루어진다고 해서 청년기의 마음만 가지
고 결혼 생활을 영위할 수는 없다. 평생을 함께 한다는 것이 말처럼
쉽지 않은 이유는 인간이 머물러 있는 존재가 아니라 발달하고 변화

하는 존재이기 때문이다.

꽃씨를 화분에 심어 잎이 나오고 꽃이 필 때까지 기다려 보면 안다. 아무리 꽃을 보고자 꽃씨를 심었다고 해도 흙을 뚫고 나오는 어린잎에 매료되기도 한다는 것을……. 때로는 꽃이 기대했던 것만큼 안 피기도 하고 기대했던 만큼 예쁘지 않기도 할 것이다. 물론 생각했던 것 이상으로 화려한 꽃을 피우기도 하리라. 결혼은 꽃씨 하나를 심는 일이다. 미래에 그 두 사람이 어떤 꽃을 피우고 어떤 열매를 맺을지는 아무도 모른다. 그러나 꽃을 보고 열매를 따는 것만이 꽃씨를 심는 마음은 아니고 꽃이 자라는 과정에서 기울이는 관심이 바로 꽃을 심는 마음이 아닐까.

결혼은 시작도 중요하지만 과정이 더욱 중요하다. 사람들은 연애나 결혼식 같은 것에 대해서는 굉장히 높은 관심을 보이면서도 결혼 생활의 과정 과정을 건강하게 이루어나가는 일에는 무심한 경우가 많다. 배우자를 만나고 결혼을 하는 것에만 초점이 맞추어져서 이후에 길게 이어질 결혼 생활에 대한 준비를 너무 소홀히 한다는 느낌이 들 때가 많다. "그리고 그들은 결혼해서 행복하게 살았습니다"로 끝나는 동화처럼 맥이 빠진다.

동화는 그렇게 아름답게 끝날 수 있지만 삶이라는 게 어찌 그런가. 짜릿한 만남과 사랑, 화려한 결혼식 뒤에 오는 길고 때로는 지루하기까지 한 일상생활이 결혼이다. 그리고 중요한 것은 만남이 얼마나 짜릿했는가, 결혼식이 얼마나 멋있었는가가 아니라 이후에 이어지는 삶의 단계 단계를 얼마나 잘 살아냈는가이다. 동화나 낭만적 소설은 남녀의 만남에 그 초점을 맞추지만 그것은 어디까지나 이야기의 속성일 뿐 삶의 속성은 아니다. 인생은 시작만 요란한 용두사미가 될 수 없다.

젊은이들이 결혼하고 아이를 낳고 부모가 되며 그 아이들이 자라나면서 성장하고 독립하여 조부모가 되고 노년기를 맞이하며 종국에는 죽음을 맞이해야 하는 것이 삶이다. 가족생활 주기는 가족을 시간의 연속선상에서 보는 개념으로 가족생활 주기의 분류는 학자마다 다양하게 이루어진다. 그러나 크게 보면 결혼하고 가족을 이루는 시기(가족 형성기), 자녀를 낳고 양육하며 교육시키는 시기(가족 확대기), 자녀를 독립시키고 노부부만 남는 시기(가족 축소기)의 세 단계로 구분할 수 있다. 가족생활 주기의 각 단계마다 가족에게는 선택과 집중을 해야 하는 발달과업이 있으며 각 단계별로 꼭 수행해야 할 발달과업을 잘 수행해야 다음 단계로 성공적으로 진입할 수 있고 궁극적으로 행복하고 건강한 가족을 이룰 수 있다.

가족 형성기는 결혼 후 첫 자녀를 낳아 가족 수가 불어나기 시작하는 때까지를 말하므로 신혼기와 임신기가 가족 형성기에 포함된다. 이때에는 개인 및 부부의 목표를 설정하고 상호 수용이 가능한 생활 방식을 수립해야 한다. 몇 명의 자녀를 낳을 것인지, 향후 경제

관리는 어떻게 할 것인지, 양가 부모와는 어떤 식으로 관계를 맺어 나갈 것인지 등에 대해 부부간 협의가 있어야 한다. 결혼 초기에 이 러한 일들에 대한 부부간 협의가 잘 이루어져야 결혼 생활에 순조롭 게 적응해나갈 수 있다. 따라서 이 시기에 가장 필요한 것은 부부간 갈등 관리 기술이다. 결혼 생활의 여러 측면에서 목표나 행동 방식 을 수립해나가는 데에 부부간 갈등이 생길 수 있기 때문이다. 서로 다름을 인정하고 서로 다른 것 속에서 성장해야 할 지점을 찾아 협 의해나가는 협상 기술이 꼭 필요하다.

가족 확대기는 자녀를 낳아 기르는 시기로서 막내자녀가 독립할 때까지 지속된다. 첫 자녀 출산을 결혼 생활의 첫 번째 위기로 보기 도 하는데 그 이유는 부부 두 사람만의 2인 관계에서 자녀를 포함한 3인 관계로 가족 관계가 변화하기 때문이다. 두 명은 서로 연합하거 나 갈등하거나 두 가지 관계 중 하나의 형태로 적응하지만 세 사람 이 되면 상황은 달라진다. 세 사람 중 두 명이 편을 먹고 나머지 한 사람을 왕따시킬 수도 있다. 자녀가 한 명 더 늘게 되면 관계는 더 복 잡해진다. 형제나 자매 간 연합이 발생하기 때문이다. 자녀를 포함 한 가족은 가족 관계가 매우 역동적으로 변화한다. 따라서 이 시기 에는 가족 전체의 욕구가 상호 조절될 필요가 강력해지면서 가족의 역동이 활발해진다. 또한 가족 확대기에는 자녀의 유아기, 아동기, 청소년기 및 청년기와 부모의 중년기가 포함되므로 가족 관계가 힘들어질 수 있다.

한 가족 속에 다양한 인간발달 단계에 놓인 가족원들이 함께 산다는 것은 때로 극심한 갈등을 초래하기도 한다. 자녀들의 사춘기와 부모의 중년기가 중첩되게 되면 가족은 들끓는 용광로같이 시끄러워질 수도 있다. 이때가 부모에게는 자녀의 교육과 사회화 및 자녀가 자립할 수 있는 여건을 만들어주기 위해 최선을 다해야 하는 시기이다. 그러면서 한편으로는 부모 자신의 직업적 성공과 재정적 안정을 유지해야 하는 시기이기도 하므로 가족으로서는 힘든 시기이다.

이 시기를 성공적으로 잘 지내려면 유아기-아동기-청소년기-성인기-중년기-노년기에 이르는 인간발달 단계에 대한 이해와 함께 가족이 통과하는 가족발달 주기에 따른 발달과업을 잘 이해하고 있어야 한다. 가족 확대기는 가족이 해야 하는 핵심적인 과제들을 가장 많이, 그리고 집중적으로 수행해야 하는 시기로서 이 시기의 가족발달이 가족의 성장에 핵심적이라고 볼 수 있다.

가족 축소기는 자녀가 독립하기 시작해서 자녀가 모두 떠난 후 부부만 남게 되는 시기이다. 이 시기를 '빈 둥지 시기'라고 말하기도 한다. 예전에는 수명이 짧고 자녀가 많았기 때문에 빈 둥지 시기가 아주 짧거나 일찍 사망하는 경우 빈 둥지 시기를 가지지 못한 채 가족발달을 끝낼 수도 있었다. 요즘은 수명이 길어지고 자녀의 수가 감소하고 있기 때문에 빈 둥지 시기가 길어지고 또 중요해지고 있다. 축소기를 맞이한 부부는 두 사람만의 새로운 생활 패턴과 목표를 수립해야 한다. 결혼한 자녀와의 관계를 어떤 식으로 이루어나갈지도 중요한 과제이다. 결혼한 자녀와 적절한 거리를 유지하면서 노부부가 새로운 생활 패턴을 만들어나가야 한다. 이를 위해서는 그 전 시기인 가족 확대기부터 노후 생활에 대한 준비가 정서적으로나 경제적으로 이루어져야 한다. 미리미리 준비한다면 삶의 후반부에 맞이하는 빈 둥지 시기가 인생의 진수를 맛보는 행복한 시기가 될 수 있지만 그렇지 못한 경우 우울증에 시달리며 고독한 노년을 보내야 할 수도 있다.

젊은이들이 결혼하고 아이를 낳고 부모가 되며 그 아이들이 자라나면서 성장하고 독립하여 조부모가 되고 노년기를 맞이하며 종국에는 죽음을 맞이해야 하는 것이 삶이다. 가족생활 주기는 가족을 시간의 연속선상에서 보는 개념으로 가족생활 주기의 분류는 학자마다 다양하게 이루어진다.

그러나 크게 보면 결혼하고 가족을 이루는 시기(가족 형성기), 자녀를 낳고 양육하며 교육시키는 시기(가족 확대기), 자녀를 독립시키고 노부부만 남는 시기(가족 축소기)의 세 단계로 구분할 수 있다. 가족생활 주기의 각 단계마다 가족에게는 선택과 집중을 해야 하는 발달과업이 있으며 각 단계별로 꼭 수행해야 할 발달과업을 잘 수행해야 다음 단계로 성공적으로 진입할 수 있고 궁극적으로 행복하고 건강한 가족을 이룰 수 있다.

46

역할 융통성을
발휘하라

편견 없이 각 가정의 상황에 맞추어 가정 내 역할을 분담하고
협력하는 것이 바로 역할 융통성이다.

요즘 사람들은 맞벌이를 선호한다. 맞벌이를 선호한다기보다는 맞벌이를 하지 않으면 살 수 없는 상황이다. 치솟는 물가, 높은 자녀 양육비, 버거운 내집 마련 비용 등을 감당하려면 한 사람의 수입으로는 부족한 것이 현실이다. 그러니 남편은 바깥일을 하고 부인은 집안일을 하던 전통적 관념과는 다른 현실 속에서 가계 관리나 자녀 양육, 가사노동 등에 대한 부부간 역할 분담이 이루어져야 한다.

취업주부의 경우, 직장인의 역할과 주부의 역할을 동시에 해내야

하는 이중 역할 부담을 지게 된다. 이 두 가지 역할을 잘 조정하지 못하면 취업주부를 포함한 가족 간에 갈등이 생긴다. 취업을 한 부인을 둔 남편이 취하는 입장 중에 '신전통주의'란 것이 있다. 신전통주의란 부인이 나가서 돈을 버는 것은 좋지만 집에 돌아와서는 전업주부와 같은 역할을 하기를 기대하는 남자들의 마음을 말한다.

전통주의자들은 남녀의 역할을 엄격히 구분해 여성이 경제활동을 하는 것 자체를 거부하고 현모양처賢母良妻로 가정에 남아주기를 기대한다. 반면에 신전통주의자들은 슈퍼우먼을 요구한다. 능력 있는 직장인이면서 동시에 육아도 살림도 잘하는 주부를 기대하는 것이다. 요즘은 의외로 부인이 슈퍼우먼이기를 바라는 순진한 남편들이 많다. 그러나 부부가 함께 직업을 가지고 일을 하면서 가정을 이끌어나가려면 전통주의나 신전통주의적인 사고방식을 가지고는 가정을 원만하게 이끌기가 어렵다. 따라서 남편의 역할, 아내의 역할을 엄격하게 구분하지 말고 상황에 맞게 융통성 있게 역할을 분담해나가는 것이 무엇보다도 중요하다.

어떤 역할이 남성적인 역할이고 어떤 역할이 여성적인 역할인가를 결정하는 데에는 여러 가지 요소가 영향을 미친다. 먼저 생물학적인 요인에서 오는 차이는 주로 신체적 특질의 차이로 질병에의 저항 능력은 여성이 높은 반면 신체적 크기나 힘은 남성이 더 크고 강하다. 남녀의 호르몬 차이에서 오는 2차 성징의 차이로 여성은 여성다운 외모를, 남성은 남성다운 근육과 외모를 가지게 된다. 신체적 특질의 차이에 의해 본다면 신체적 힘이 많이 필요한 일은 남자가 담당하는 게 맞을 것이다.

남녀의 심리적 특질의 차이로는 남자는 여자에 비해 공격성과 활동성이 높은 것으로 나타난다. 반면 여자는 양육성과 사회성, 그리고 감정이입 능력이 남자에 비해 높은 것으로 보고되었다. 남녀의 심리적 특질의 차이에 따르면 자녀 양육은 여성의 영역이다. 그러나 실제 상황에서 남녀의 신체적, 심리적 차이를 그대로 반영하는 역할 분담이 이루어진다는 보장은 없다. 남자, 여자 모두 경제적 능력이 중요해진 현대사회에서 남성과 여성의 역할 차이는 차츰 줄어들고 있다.

예를 들면 중장비 기사 등 기존에 남성적인 직업이라고 여겼던 영역에도 여성이 진출하는가 하면 여성의 고유 영역이라고 여겨졌던 전업주부에 도전하는 남편도 있다. 그러니 가정에서도 어떤 일을 남편이 하고 어떤 일을 부인이 할 것인지는 이제 상호 협상의 문제이지 규범적 차원의 문제가 아닌 것이다.

어떤 역할이 남자다운 역할이고 어떤 역할이 여자다운 역할인가 하는 것을 배우는 과정을 성역할 사회화라고 한다. 사회에서 남성적, 여성적이라고 구분된 행동과 성격 특질들이 모두 다 선천적인 것은 아니고 많은 부분이 학습되며, 사회마다 남녀 역할을 사회화시키는 내용에 차이가 있다. 그래서 한 사회에서 여성적이라고 규정된

특질이 다른 사회에서는 남성적 특질로 규정되기도 한다.

성역할 사회화에는 가족이나 학교, 대중매체들이 관여한다. 이 속에서 사람들은 여자다운 역할과 남자다운 역할의 구분을 배우게 된다. 따라서 가족이나 학교, 대중매체 등에서 남자의 역할과 여자의 역할을 다르게 사회화시키면 여자와 남자의 역할 분담이 달라지게 된다. 과거 전통 사회에서는 남자가 부엌에 들어가는 것을 금기시했지만 현대사회에서는 그렇지 않다. 또한 전통 사회에서는 여자의 목소리가 담을 넘어 들리는 것을 나쁘게 여겼지만 요즘은 여자들이 가정의 울타리를 넘어 활발하게 사회생활을 하고 있지 않은가.

성역할 사회화는 시대와 상황에 따라 다르게 이루어질 수 있고 성역할 사회화의 주체가 되는 개인에 따라서도 다른 선택이 가능하다. 부부가 맞벌이를 하는 집의 가사 역할 분담과 전업주부가 살림을 하는 가정의 부부 역할 분담이 달라질 수 있다는 이야기다. 다양화되는 사회에서 유독 남편과 아내만 전통적 규범에 얽매여 여자일, 남자일을 구분하는 것도 이상하지 않은가. 편견 없이 각 가정의 상황에 맞추어 가정 내 역할을 분담하고 협력하는 것이 바로 역할 융통성이다. 남녀의 역할을 엄격히 구분했던 전통 사회와 달리 현대 가족의 부부들은 부부간 역할 배분에 융통성을 가지고 보다 적응력 있게 가정 생활을 영위해나가야 한다.

47

배경그림도
중요하다

꿈

자신의 원가족 체계가 건강하지 못하다면 보다 준비된 태도로
결혼에 임해야 하고 결혼 생활 과정에서도 더 많은 노력을 해야 한다.

똑같은 화병도 놓이는 위치에 따라 그 아름다움이 달라진다. 화병 뒤의 배경과 잘 어우러진 꽃이 우리를 더욱 감동시킨다. 아무리 예쁜 꽃이라도 더러운 환경 속에 피어 있으면 그 아름다움이 십분 발휘될 수 없을 뿐 아니라 때로는 그 아름다움 때문에 보는 이의 마음이 아프기도 한다. 어쩌면 우리 모두는 꽃이다. 삶이라는 저마다의 꽃을 피우기 위해서는 자신에게 맞는 토양과 햇빛을 찾을 줄 아는 지혜를 가져야 한다.

우리는 때로 맹목적인 사랑을 동경한다. '무엇 무엇에도 불구하고'라는 식의 사랑 방정식을 좋아한다. 젊은 시절 나 자신도 그러했다. 그러나 오랜 결혼 생활을 통해 무엇 무엇에도 불구하고 식의 사랑을 유지해나가는 일에는 정말로 강력한 의지가 필요하다는 사실을 알게 되었다.

물론 사랑의 힘이 강력한 힘을 이끌어내긴 하지만 사람인 이상 때로는 사랑의 의지를 상실할 때도 있다. 그럴 때에는 환경의 도움이 필요하다. 환경을 다른 말로 하면 체계라고 할 수 있다. 체계이론에 의하면 체계란 '하나의 통일된 전체를 구성하는 상호 관련된 부분들의 집합체'이다. 체계의 한 부분이 변하면 다른 부분들도 변하며 그 변화가 다시 처음의 변화한 부분에 영향을 준다. 체계이론을 쉽게 이해하려면 나비효과를 이해하면 된다.

중국 베이징에 있는 나비의 날개짓이 다음 달 미국 뉴욕에서 폭풍을 발생시킬 수도 있다는 과학이론이 나비효과다. 가족 관계에도 나비효과가 있는데 그게 체계이론이다. 부부는 서로 무척 사랑하지만 부부를 둘러싼 주변의 가족 관계가 이들 부부를 너무 힘들게 해서 부부 사랑이 취약해지는 경우도 많다. IMF 구제금융 사태라는 폭풍이 얼마나 많은 가족을 파괴시켰는지 우리 모두 보아서 알고 있지 않은가.

남녀가 서로 사랑해서 결혼했다고 해도 그 사랑이 담겨져 있는 체계가 건강하지 못하면 사랑을 유지하기 어렵다. 지독한 시집살이, 심각한 경제적 어려움, 혹은 지속적으로 딸에게 관여하는 장모, 경우에 따라서는 사업에 망해 시도 때도 없이 손을 벌리는 시동생 등 주변 사람들의 영향에 의해서도 부부 유대는 약화될 수 있다. 물론 반대의 경우도 있다. 부부 사이의 사랑은 그다지 돈독하지 않지만 며느리를 딸처럼 아껴주는 시부모, 사위를 지극 정성으로 대하는 처부모, 혹은 경제적으로 풍요한 환경 덕분으로 부부 사이가 잘 유지되는 경우도 있다.

중요한 것은 가족이라는 집단이 사회로부터 분리되어 떨어져 있는 게 아니라는 점이다. 작게는 친족집단의 영향에서부터 지역사회의 영향, 국가의 영향, 크게는 전 지구적인 상황까지도 가족에게 영향을 줄 수 있다. 남녀가 사랑해서 결혼을 하는데 국가나 세계의 영향까지 고려할 필요는 없다고 하더라도 적어도 친족집단의 영향력에 대한 인식은 필요하다.

특히 배우자의 가족(원가족) 체계의 건강성 여부는 반드시 살펴볼 필요가 있다. 배우자의 원가족 체계가 건강하다면 다행이지만 그렇지 못하다면 보다 준비된 태도로 결혼에 임해야 한다. 맹목적인 사랑으로 상황을 불문하고 이루어지는 결혼이 위험한 것은 체계이론에 대한 이해가 부족하기 때문이다.

체계의 힘은 생각보다 강하다. 개인의 의지나 감성으로 이겨가기에는 역부족인 경우도 많으므로 신중하게 생각해야 한다. 이혼 상담을 하다 보면 부부 사이의 애정 부족보다는 배경 가족 체계가 주는 어려움 때문에 고통을 겪는 부부들을 많이 본다. 물론 사랑한다면 어려움을 이겨나가라고 조언해주지만 상상 이상으로 어려움을 겪는 경우도 많아서 사랑만으로는 그 상황을 헤쳐나가기가 힘들 것이라는 생각이 들 때가 많다. 그렇다고 불행한 가족 속에서 태어나서 원가족 체계가 건강하지 않은 사람은 결혼하지 말라는 말이 아니다. 자신의 원가족 체계가 건강하지 못하다면 보다 준비된 태도로 결혼에 임해야 하고 결혼 생활 과정에서도 더 많은 노력을 해야 한다는 뜻이다.

자신의 원가족 체계가 건강하지 않다는 인식을 하는 순간부터 가족의 불행을 대물림하는 고리는 끊어진다. 그리고 불행한 원가족 체계에서는 제대로 배울 수 없었던 가정교육을 새롭게 시작하는 순간부터 행복한 결혼 생활이 시작될 것이다.

원가족 체계가 건강하지 않은가? 다시 말해 행복하지 못한 어린 시절을 보냈는가? 그렇다면 먼저 결혼과 가족에 대해 공부를 한 후에 결혼을 해야 하고, 결혼 생활 과정에서도 자신이 건강하지 못한 원가족 체계로부터 배운 잘못된 대처 방식을 사용하고 있는 것이 아닌지를 지속적으로 점검해야 한다. 대화하는 방법, 싸우는 방법, 사랑하는 방법 등 결혼 생활의 기술들을 다시 배우고, 이를 생활에 적용하는 끊임없는 노력을 통해 불행한 가족 관계를 대물림하지 않도록 해야 한다.

필요하다면 상담을 받는 것도 좋다. 전문가와의 상담을 통해 어린 시절의 심리적 상처와 미해결 과제들을 풀어나감으로써 보다 건강한 현재를 살 수 있기 때문이다.

원가족 체계가 건강하지 않은가? 다시 말해 행복하지 못한 어린 시절을 보냈는가? 그렇다면 먼저 결혼과 가족에 대해 공부를 한 후에 결혼을 해야 하고, 결혼 생활 과정에서도 자신이 건강하지 못한 원가족 체계로부터 배운 잘못된 대처 방식을 사용하고 있는 것이 아닌지를 지속적으로 점검해야 한다. 대화하는 방법, 싸우는 방법, 사랑하는 방법 등 결혼 생활의 기술들을 다시 배우고, 이를 생활에 적용하는 끊임없는 노력을 통해 불행한 가족 관계를 대물림하지 않도록 해야 한다.

48

관계의
기술

주관계와 보조 관계의 설정을 잘 해나가는 것이 필요하다.

　"구슬이 서 말이라도 꿰어야 보배"라는 속담이 있다. 이 속담처럼 가족 간에 사랑하는 마음이 있어도 전달되지 않으면 서로의 진심이 소통되지 못한다. 그러니 진심으로 서로 사랑한다고 하더라도 소통을 위한 기술이 필요하다. 진심이 없이 매끄러운 관계의 기술만 가지고 있는 경우도 문제지만 진심이 있어도 그것을 전달할 수 있는 기술이 없다면 무슨 소용이 있겠는가.

　결혼의 기술은 결국 관계의 기술인데 관계의 기술에서 가장 중요한 것은 상대방에게 좋은 것을 해주기보다는 상대방이 싫어하는 것을 안 하는 것이다. 우리는 누구나 사랑하는 사람에게 많은 것을 해주고 싶어 하지만 능력의 한계 때문에 상대방이 좋아하는 것을 해주지 못할 때가 많다. 이에 비해 상대방이 싫어하는 일을 안 하는 것은 상황이나 여건의 영향을 덜 받을 뿐 아니라 실생활에서는 관계 회복에 더 효과적이다.

갈등 중인 부부를 상담하다 보면 서로 비난할 때가 많은데 그 비난의 화살은 대체로 배우자가 자신의 욕구를 충족시켜주지 못하는 부분을 겨냥하는 경우가 많다. 예를 들어 돈을 못 벌어오는 남편, 살림을 제대로 못하는 아내를 비난하는 식이다.

재미있는 것은 내담자 부부들이 서로를 비난할 때도 마음속으로는 상대방 능력의 한계를 이미 알고 있다는 사실이다. 자신의 욕구를 충족시켜주지 못하는 배우자를 원망하기는 하지만, 현실적으로 큰 기대는 하지 않은 채 바가지 긁기나 잔소리 등으로 습관적으로 비난하는 경우가 많았다.

그러나 배우자가 자신이 싫어하는 행동을 계속하는 경우, 배우자를 향한 비난과 분노가 가장 폭발적으로 나타나는 것을 상담 장면에서 많이 경험했다. 상대가 자신이 원하는 것을 해주지 못하는 것은 능력의 한계라고 여겨 용서할 수 있지만 자신이 싫어하는 일을 계속하는 것은 자신을 무시하기 때문이라고 간주하고 분노하는 것이다.

그래서 나는 내담자들에게 배우자가 좋아하는 것을 아는 것도 중요하지만 그보다는 배우자가 정말 싫어하는 것이 무엇인지 아는 게 더 중요하다고 말하곤 한다.

배우자의 욕구를 충족시켜주기보다는 배우자에게 괴로움을 주지 않는 것을 먼저 고려하는 것이 관계의 개선을 위해 더 필요하고 다른 관계에서도 마찬가지라고 생각한다. 기쁨을 주기보다는 상처를 주지 않는 것이 더 중요한 이유는 기쁨보다는 상처가 더 오래가고 지속적인 상처는 관계를 파탄에 이르게 하기 때문이다.

완전한 결혼은 없으므로 모든 결혼에는 약점과 강점이 있게 마련인데 관계의 기술에서 중요한 또 한 가지는 약점에 집중하지 않아야 한다는 것이다. 자신이나 배우자가 가진 약점에 집중하다 보면 관계가 취약해지기 쉽다. 약점에 집중하기보다는 강점을 살려 나가는 것이 관계의 기술에서 더 효과적이다.

때로는 배우자의 약점을 건드림으로써 배우자를 성장시킬 수 있고, 그것은 가장 가까운 사람이 해줘야 하는 역할일 때도 있다. 그러나 성장의 한계 범위를 가진 약점이 우리 모두에게는 있다. 노력해도 안 되는 부분(타고난 약점)을 지속적으로 건드리면 결국 관계가 훼손된다. 그러니 가급적이면 약점보다는 강점을 살리면서 관계를 성장시켜나가는 것이 관계를 살리는 기술이다.

상담을 하면서 느낀 것이 또 한 가지 있다. 그것은 관계에 있어서 주관계와 보조관계의 설정을 잘 해나가는 것이 필요하다는 사실이다. 부부간 갈등이 발생하는 경우를 자세히 살펴보면 두 사람의 문제도 문제지만 고부갈등 등 두 사람을 둘러싼 주변 체계가 건강하지 못해서 부부 갈등으로 이어지는 경우도 많다. 그럴 때 정작 두 사람은 서로 사랑하면서도, 서로를 힘들게 하는 가족 역동에 휩싸이게 되는데 이는 매우 안타까운 일이다.

따라서 관계의 기술에서 중요한 것은 주관계와 보조관계의 설정을 제대로 해야 한다는 점이다. 예를 들어 고부갈등의 경우, 고부 관계를 보조관계로 볼 수 있고, 그 주관계는 시어머니 쪽에서 보면 모자 관계이고, 며느리 쪽에서 보면 부부 관계이다. 그러니 만약 시어머니가 아들의 부부 관계를 위협할 정도로 고부갈등을 이어간다면 주관계인 모자 관계에서도 어려움을 겪을 수 있다는 점을 기억해야 한다. 마찬가지로 며느리의 경우도 고부갈등이 심각하게 지속된다면 주관계인 남편과의 부부 갈등도 피할 수 없다는 사실을 알아야 한다.

과거 전통적인 한국가족에서 가족의 주관계는 부부 관계가 아니라 부모-자녀 관계(효도)였다. 그러나 현대 한국가족에서 가족의 중심축은 부부이다. 보조관계인 고부 관계 때문에 주관계인 부부 관계가 훼손된다면 주객이 전도되었다고 볼 수 있다. 아마도 시어머니들은 고부 관계가 보조관계라는 말에 저항을 느낄 것이다. 현대의 시어머니들은 과거에 부부 관계를 희생하면서까지 시댁에 봉사했던 경험을 가지고 있기 때문이다. 그러나 세월은 변했고 부부 관계를 희생시키면서까지 강력하게 군림했던 부계 가부장적 가족은 역사의 뒤안길로 사라지려 하고 있다.

그렇다고 처가 가족이 과거의 부계 가부장적 가족을 대신하여 가족 관계를 주도해서도 안 된다. 현대는 먼 옛날 초기 인류의 가족이 그러했던 것처럼 부부가 중심이 되어 가족을 이끌어가는 세대이고, 부부 중심 가족은 인류에게 가장 오래되고 가장 자연스러운 가족이기 때문이다.

배우자의 욕구를 충족시켜주기보다는 배우자에게 괴로움을 주지 않는 것을 먼저 고려하는 것이 관계의 개선을 위해 더 필요하고 다른 관계에서도 마찬가지라고 생각한다. 기쁨을 주기보다는 상처를 주지 않는 것이 더 중요한 이유는 기쁨보다는 상처가 더 오래가고 지속적인 상처는 관계를 파탄에 이르게 하기 때문이다.

완전한 결혼은 없으므로 모든 결혼에는 약점과 강점이 있게 마련인데 관계의 기술에서 중요한 또 한 가지는 약점에 집중하지 않아야 한다는 것이다. 자신이나 배우자가 가진 약점에 집중하다 보면 관계가 취약해지기 쉽다. 약점에 집중하기보다는 강점을 살려 나가는 것이 관계의 기술에서 더 효과적이다.

49

수혜자 부담의
원칙

현재 이 가족을 유지하는데 가장 덜 수고하고 가장 많은 혜택을
누리는 수혜자가 누구인가?

부권제 가족, 모권제 가족, 동권제 가족 등 가족에도 권력 구조가
있다. 가족 관계는 그 가족이 어떤 권력 구조를 가지고 있는가에 따
라 확연히 다른 모습을 보인다. 부계가족에서는 아버지에게 가계계
승권, 제사권, 상속권 등 모든 권력이 집중되어 가장인 아버지가 매
우 강력한 권력을 가지는 부권제 가족의 특징을 보인다. 모계가족에
서는 부계가족에 비해 권력이 분산된다. 모계가족에서 가계의 계승
은 어머니를 통해 이루어지지만 재산의 상속은 외삼촌을 통해 이루

어지기 때문에 모계가족은 부계가족에 비해 권력의 집중이 덜하다. 동권제 가족은 남녀의 권력이 동등한 가족을 말한다.

21세기 대한민국에서 부계가족이니 모계가족이니 하는 이야기를 굳이 할 필요는 없다. 현대는 누가 뭐라 하든 남녀평등의 시대가 아니던가. 그러나 남녀가 평등한 동권제 가족에도 가족의 권력 구조는 존재한다. 가족은 하나의 소집단이기 때문에 집단의 역할 구조와 함께 권력 구조도 엄연히 존재한다. 앞서 가족의 역할 구조가 역할 융통성을 중시하는 방향으로 변화하고 있다는 점을 밝힌 바 있는데 가족의 권력 구조는 평등과 공평성을 추구하는 방향으로 변화하고 있다.

부부 관계가 부계적 규범에 의해 지배되었던 전통 가족에서는 가족의 권력 구조 자체가 선택과 협상의 대상이 아니었다. 이와 달리 현대가족에서의 권력 관계는 매우 다양하게 나타날 수 있다. 각 가족이 자신들이 이루어나가는 가족의 권력 구조를 선택하는 시대가 온 것이다. 선택에는 책임이 따르고 책임 있는 선택을 하기 위해서는 지식이 필요하다.

권력에는 권력의 기반과 과정, 결과가 포함된다. 권력의 기반은 주로 자원이며 부부간 권력의 기반이 되는 자원으로는 교육 수준, 수입, 직업 지위 등이 있다. 그런데 재미있는 것은 규범 자체가 권력의 기반이 되는 경우도 있다는 사실이다. 예를 들면 가부장제 규범을 가진 가족에서 아버지는 때로 가족을 부양하지도 않고 가장으로

서의 책임을 제대로 하지 않으면서도 막강한 권력을 행사하는 경우가 있다. 단지 남자이며 남편이고 아버지라는 이유만으로 권력을 행사하는데 그 이유는 가부장제라는 가족 규범을 가진 가족에서는 남자라는 이유만으로 여자보다 우월한 지위를 누리기 때문이다.

얼마 전 나는 이혼소송 중인 부부를 상담했는데 남편은 가부장적인 가족 의식을 가진 사람이었다. 아내 역시 보수적인 사람이어서 남편에게는 무조건 순종해야 하는 줄 알고 참고 살다가 어느 날 문득 돈도 자신이 벌고, 집안 살림도 자신이 하는데 아무것도 하지 않으면서 성질만 부리고 군림하는 남편에게 복종하며 살아갈 이유가 없다는 생각이 들어 이혼소송을 제기했다.

상담 장면에서 남편은 아내가 바람이 난 것이 분명하다고 주장했다. 바람난 것이 아니라면 20년 가까이 잘 참고 살아오던 아내가 이혼소송을 제기할 이유가 없다는 것이었다. 물론 그 아내는 바람이 난 것이 아니었고, 아무런 역할도 하지 않고 남편으로서의 지위와 권력만 유지하려는 남편과의 결혼 생활을 끝내기로 결심한 것뿐이었다. 다시 말해 가부장제 가족 이념을 버리기로 한 것이다.

상담 과정에서 나는 그 남편에게 '수혜자 부담의 원칙'을 이야기했다. 현재 이 가족을 유지하는 데 가장 덜 수고하고 가장 많은 혜택을 누리는 수혜자가 누구인가? 그리고 그 수혜자는 과연 자기가 받는 혜택에 대한 정당한 대가를 지불하고 있는가? 이 경우 가족 유지의 가장 큰 수혜자는 남편이다. 그는 단지 잔소리하고 야단치고 가족들을 통솔하면서 가족 위에 군림하면 된다. 그러나 아내는 어떤가? 그녀는 남편의 비위를 맞추며 복종해야 할 뿐 아니라 돈도 벌고 살림도 잘하고 아이들도 잘 키워야 한다. 너무 불공평하지 않은가. 수혜자가 부담해야 할 대가를 제대로 부담하지 않을 때 그 공동체의 응집력은 현저히 약화되고 나아가서 해체의 위기까지 내몰릴 수밖에 없다.

공정한 권력은 구체적인 역할과 연결된다. 충실한 역할을 할 때에 주어지는 권력이 진짜 권력이다. 역할과 지위의 상관 관계에서 대부분의 지위는 역할과 맞물려 있지만 때로는 역할 없이 지위만 있는 경우도 있고 반대로 지위 없이 역할만 있는 경우도 있다. 두 경우모두 바람직한 것은 아니다. 만약 어떤 가족에서 역할 없이 지위와 권력만을 가지는 사람이 있다면 나머지 가족 중 누군가가 그 사람의 역할을 떠맡아야 하지 않겠는가. 그렇게 되면 가족의 권력 구조는 지배와 복종의 구조가 된다. 가족 관계가 지배와 복종의 관계로 이루어지면 친밀감은 사라지고 가족은 강한 자가 약한 자를 지배하는 치열한 생존 경쟁의 장소가 된다.

친밀한 가족은 가족 모두가 가족의 수혜자가 된다. 각자 자신의 역할을 충실히 수행하고 다른 사람의 역할을 도와주고 인정하며, 그 역할 속에서 공평한 권력과 지위를 누리며 함께 성장하는 가족, 그런 가족만이 미래 사회에서 경쟁력 있게 살아남을 수 있을 것이다.

50

성장하는 부부,
행복한 가족

～

우애적 가족에서는 가족이라는 제도가 유지되는 것보다는
개인의 행복과 성장에 더 우선권을 둔다.

가족사회학자 어니스트 버제스Ernest Burgess와 하베이 로크Harvey Locke
는 현대가족의 변화를 "제도적 가족에서 우애적 가족으로의 변화"
로 요약했다. 제도적 가족이란 과거 우리 전통가족에서처럼 가족이
사랑(관계)보다는 제도의 유지(제사, 가문, 전통의 유지 등)를 위해 존재
하는 가족이다. 제도적 가족에서는 가족은 개인적인 감정이나 행복
보다는 가족이나 친족집단의 유지, 발전에 더 큰 의미를 둔다. 그러
나 우애적 가족에서는 가족이라는 제도가 유지되는 것보다는 개인

의 행복과 성장에 더 우선권을 둔다.

남녀칠세부동석男女七歲不同席이어서 서로 얼굴도 모르고 결혼하던 전통 사회에서는 이혼이 없었는데 남녀가 자유롭게 연애결혼을 하는 요즘은 도리어 이혼이 늘었으니 과거의 결혼 풍속이 더 낫다고 이야기하는 사람들이 있다. 그런 사람들은 제도적 가족과 우애적 가족의 차이를 모르기 때문에 그런 이야기를 하는 것이다.

제도적 가족에서는 개인이 행복하지 않아도 가족이나 친족 체계가 유지될 수 있다면 결혼 관계가 유지된다. 전통 사회에서 결혼은 사랑을 중심으로 이루어지지 않는다. 중매에 의해서 양가의 합의로 결혼이 이뤄지기 때문에 때로는 당사자들은 얼굴도 못 본 채 결혼하기도 했다. 결혼의 목적도 다르다. 결혼을 통해 가문이 유지되고 조상에 대한 제사를 지내며, 재산을 유지하고 불려서 상속하고 부모님에게 효도하는 것이 결혼의 목적이다. 결혼 관계 속에서 개인이 행복하면 다행이지만 행복하지 않다고 하더라도 결혼 관계는 유지된다. 반면 현대가족인 우애적 가족에서는 결혼의 목적이 개인의 행복 및 성장이다. 따라서 자녀가 없어 가문이 유지, 계승되지 않더라도 그 결혼 관계를 통해 개인이 행복하다면 결혼은 유지된다.

반대로 책임져야 할 자녀가 있는 경우에도, 그리고 효도해야 할 부모님이 계시고 모셔야 할 조상제사가 있다고 하더라도 개인이 그 결혼 관계 속에서 행복하지 못하면 이혼을 선택한다. 따라서 우애적 가족을 추구하는 현대사회에서는 필연적으로 이혼이 늘어날 수밖에 없다.

여기에 더하여 또 하나의 요인이 있다. 가족학이론 중에는 결혼의 질이 높다고 꼭 이혼율이 낮아지지 않는다는 이론이 있다. 결혼의 질이 높다고 하더라도 다시 말해서 결혼 생활이 행복하다고 하더라도 이혼 후의 대안이 많다면 이혼율은 높아진다. 이혼 후의 대안이란 다른 사람과의 재혼 가능성이나 독립된 독신 생활을 가능하게 하는 취업 가능성 등이다. 반면 결혼 생활이 불행하다고 하더라도 이혼한 후에 살아갈 길이 막막하다면 이혼율은 낮아진다는 것이다. 그러니 결혼 생활이 불행하다고 반드시 이혼하는 것도 아니고 결혼 생활이 행복하다고 이혼을 안 하는 것도 아니다.

전통 사회에서 여성들은 이혼을 하게 되면 출가외인이라면서 친정에서도 받아주지 않고 사회적으로도 여성이 독립적으로 살 수 있는 방법이 없어 무조건 참고 살 수밖에 없었다. 전통 사회에서는 이혼을 죄악시했고, 특히 여성에게 있어 이혼은 거의 사회적으로 매장되는 것을 의미했다. 그러나 현대 사회에서 이혼은 결코 죄악시되지도 않고 이혼 후의 생활에 여러 가지 대안도 있다. 재혼도 활발하게 이루어지며 독신 생활에 대한 사회적 편견도 사라졌다. 따라서 가족이나 친족, 혹은 사회적 압력 때문에 불행한 결혼 생활을 지속하는 사람이 드물어졌다. 이혼이 늘어나는 데에는 이러한 사회적 변화의 영향도 있다.

이제 결혼이 필수가 아닌 선택 사항이 되어버린 상황에서 결혼 생활을 통해 친밀한 관계가 유지되며 그 관계 속에서 부부가 함께 행복을 추구하며 성장할 수 있는 우애적 가족을 이루는 것이 결혼 생활의 핵심이 되었다. 다시 말하면 친밀한 관계 속에서 성장하지 못하는 결혼과 가족은 그 존립 자체가 어려워지는 위기의 시대이기도 하다.

결혼하고 자녀를 낳고 가족을 이루면 웬만하면 이혼하지 않고 살던 시대는 지나갔다. 바야흐로 결혼과 가족도 경쟁력을 갖추어야 살아남는 시대가 오고 있다. 결혼과 가족 관계를 지속시키는 경쟁력, 그것은 친밀한 관계 속에서 함께 성장할 수 있는 능력이고 그러한 능력을 갖추기 위해 끊임없이 노력해야 한다.

가족사회학자 어니스트 버제스와 하베이 로크는 현대가족의 변화를 "제도적 가족에서 우애적 가족으로의 변화"로 요약했다. 제도적 가족이란 과거 우리 전통가족에서처럼 가족이 사랑(관계)보다는 제도의 유지(제사, 가문, 전통의 유지 등)를 위해 존재하는 가족이다. 제도적 가족에서는 가족은 개인적인 감정이나 행복보다는 가족이나 친족집단의 유지, 발전에 더 큰 의미를 둔다. 그러나 우애적 가족에서는 가족이라는 제도가 유지되는 것보다는 개인의 행복과 성장에 더 우선권을 둔다.

결혼의 미래

최근의 결혼 풍속도를 보면서 느끼는 것이 많다. 결혼이 극도로 수단화해서 결혼 생활이 여의치 않으면 쉽게 이혼하는 세태를 보면서 결혼이라는 인류의 가장 오래된 제도에 회의를 느끼기도 한다. 그럼에도 불구하고 인류를 지속시켜온 결혼이라는 제도가 없어질 것이라고 생각하지는 않는다. 인류의 존속을 위해서는 자녀 양육을 위한 지속적인 보살핌이 있어야 하고 생물학적인 부모가 자녀를 보살피는 것이 가장 자연스런 일이기 때문이다.

날로 복잡해지는 사회이다 보니 어떤 결혼이 진정 행복한 결혼인가에 대한 해석도 다양하다. 다양성이 강조되는 현대 사회에서 행복한 결혼의 기준 역시 다양할 수 있겠지만 어떤 경우든 행복한 결혼 관계의 핵심은 하나라고 생각한다. 그것은 진실성이고 진실성은 우리 모두가 지켜야 할 인간에 대한 예의이다. 결혼은 일대일의 친밀한 관계이기 때문에 부모-자녀 관계와 함께 인간성의 가장 깊은 본질을 나타내준다.

내가 생각하는 결혼 관계의 미래는 양극화이다. 결혼 관계의 다양화란 있을 수 없다. 진실이냐 거짓이냐 두 가지 길이 있을 뿐 인간의 진실에 회색지대는 존재할 수 없다. 부부 상담을 진행할 때 내가 가장 중점을 두는 것은 진실의 발견이다. 때로는 부부 자신들도 모르는 진실을 발견해나가도록 도와주는 것이 상담자의 중요한 역할이다. 진실은 때로 여러 가지 감정적 억압이나 상황 변수 때문에 감추어져 있을 수는 있지만 보물을 찾아가듯이 세심하게 찾아나가면 분명히 찾을 수 있다.

인간이라는 종족의 번성이 다양한 방식으로 이루어질 수 있음에도 인류가 결혼이라는 관계를 발전시켜왔다면 그 이유는 무엇일까. 남자와 여자가 서로를 이해하며 사랑하는 방식으로 사는 것이 인간이 인간답게 사는 데에 필요하기 때문이 아닐까. 인간이 인간다운 삶을 살려면 무엇보다도 인간에 대한 예의와 사랑으로 살아야 한다고 생각한다. 아마 인간의 유전자 속에는 사랑과 인정, 이해에 대한 욕구가 담겨 있을 것이다. 그리고 인간의 이러한 욕구의 충족이 남자와 여자의 진지한 만남으로부터 시작되는 것은 아닐까.

얼마나 진지하고 진실된 만남이 이루어졌느냐에 따라 결혼 관계의 미래는 양극화의 방향으로 갈 것이다. 진실된 관계를 가꾸어나가는 데 필요한 희생을 치르고 싶지 않은 사람들은 파트너를 바꾸어가면서 수단적인 남녀 관계를 지속할 것이다. 그들의 진실은 그 지속 기간이 매우 짧고 유동적이다. 여러 명의 파트너를 통해 나름의 다양한 관계를 경험하며 그것이 진실이라고 주장하기도 하리라.

일대일의 깊이 있는 인간관계는 시대나 문화를 초월하는 것이다. 아마 소수의 사람들만이 그러한 관계를 유지하며 사랑을 키워나갈 수 있을 것이다. 지속적인 진실성이란 우리가 도달하기 매우 힘든 지점에 있기 때문이다. 심각한 갈등 상황에서 서로를 이해하고 사랑하며 그 위기를 넘어서기 위해 애쓰는 부부들을 볼 때마다 이혼은 그에 비해 정말로 쉬운 선택이라는 생각을 할 때가 많다. 엉킨 실타래를 가위로 잘라버릴 수 있다면 우리의 삶은 얼마나 간단하겠는가. 그러나 엉킨 실타래를 조심스레 풀어가며 서로를 이해하고 용서하며 사랑하려는 노력이 우리 삶에 진실이라는 든든한 토양을 만들어준다.

진실은 낭만적인 사랑 따위로 얻을 수 없다. 좋은 환경에서만 자라는 것도 아니다. 때로는 척박한 환경에서 더욱 아름다운 꽃을 피우기도 하는 게 바로 진실이 아니던가. 쉽게 얻으려고 한다면 쉽게 잃을 것을 각오해야 할 것이다. 결혼 관계의 진실이 그렇듯 쉽게 얻을 수 있는 것이라면 결혼 생활에 무슨 어려움이 있겠는가.

성경에 "가진 사람은 더 받아 넉넉하게 되겠지만 못 가진 사람은 그 가진 것마저 빼앗길 것이다."(마태복음 13장 12절)라는 말씀이 있다. 나는 그 성경구절이 결혼 관계에도 적용된다고 생각한다. 결혼 관계의 진실을 추구하고 힘들어도 노력하는 사람은 점점 더 그 관계의 풍요로움을 누릴 것이지만 그 반대의 길을 선택한 사람은 어느 날인가는 그가 가진 아주 작은 진실마저도 지킬 수 없게 될 것이다.

진실된 관계란 먼저 나 자신에 대한 스스로의 진실성이 전제가 되어야 하고 그러한 나의 진실이 배우자의 진실과 만나는 그 지점에서 행복한 가정이 이루어진다. 그러한 가정에서 자란 아이들이 인간에 대한 진실성과 예의를 지키는 사람이 되어 내가 몸담은 이 세상이 지금보다는 조금 더 따뜻한 곳이 된다면 좋겠다.

결혼한다는 것

1판 1쇄 발행 2013년 9월 24일
1판 3쇄 발행 2015년 10월 14일

지은이 박미령
펴낸이 하명란

본문 표지 디자인 DK강희철
인쇄 제본 금강인쇄(주)

펴낸곳 북에너지
등록 2011년 2월 17일 제406-2011-000017호
주소 경기도 파주시 문발동 606-5 201호
전화 031-957-0794 **팩스** 031-957-0795
이메일 totoami@naver.com

ⓒ **박미령**
ISBN 979-11-951070-0-1 03180

「이 도서의 국립중앙도서관 출판시도서목록(CIP)은 서지정보유통지원시스템
홈페이지(http://seoji.nl.go.kr)와 국가자료공동목록시스템(http://www.nl.go.kr/kolisnet)에서
이용하실 수 있습니다.(CIP제어번호 : CIP2013017211)」